아주 쉬운 생나무 공작

청송문화
www.edics.co.kr

아주 쉬운 생나무 공작

Contents

I 생나무 공작을 위한 나무와 재료

8 1. 여러 가지 나무 모양
11 2. 생나무와 함께 사용하면 어울리는 재료들
14 3. 비슷한 나무와 재료로 만든 다양한 작품들
16 4. 어려운 작업 쉬운 작업

II 재미있는 사람들

20 해적 / 엄마와 나 / 수염난 아저씨
21 겁쟁이
22 뾰족머리
23 선반 든 남자
24 벌서는 아이
25 외계인
26 의자에 앉은 소녀
27 소녀
28 어린아이
29 할머니 / 아줌마
30 뚱보
31 개구쟁이 / 쌍둥이 / 겁쟁이
32 인디언
33 천하장군

III 교통수단

36 헬리콥터
37 비행기
38 사다리차
39 자전거
40 택시
41 잠수함
42 리무진
44 꼬마자동차 / 트럭
45 생쥐자동차

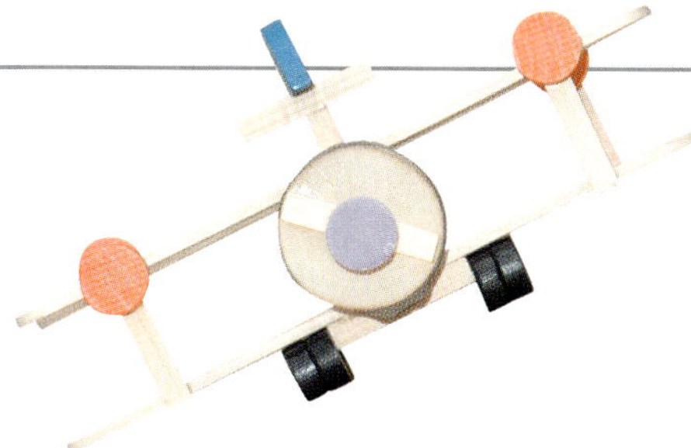

Ⅳ 선반과 꽂이

48 기린 연필 꽂이
49 돼지 다용도 꽂이
50 전단지 꽂이
51 사물 꽂이
52 부엉이 미니 선반
53 돼지 미니 선반
54 공작새 긴 선반
55 매미 메모 꽂이 / 쥐 메모 꽂이
56 장식장
58 강아지와 곰 양면 꽂이
59 호랑이 양면 꽂이
60 다용도 꽂이
61 잠자리 명함 꽂이
62 쥐 연필 꽂이
63 이중 지관 꽂이
64 개구리 메모 꽂이
65 나무봉 전단 꽂이 / 눈사람 메모 꽂이
66 부엉이 용품 꽂이
67 돼지 용품 꽂이
68 집그림 용품 꽂이
69 꿀벌 용품 꽂이 / 가위모양 용품 꽂이

Ⅴ 여러가지 소품

72 나무 / 핸드폰 고리
73 돼지 시계 / 가위 / 안경 / 드럼
74 전화기
75 냉장고 자석
76 달팽이 집게
77 소년소녀 집게 / 발가락 집게
78 원숭이 집게
79 꽃게 집게 / 꽃그림 집게
80 알림판 (화장실)
81 알림판 (OPEN / 메뉴판)
82 알림판(외출중 / 공부중)
83 알림판(휴식중 / 쉿!뛰지마세요 / 내일오세요)

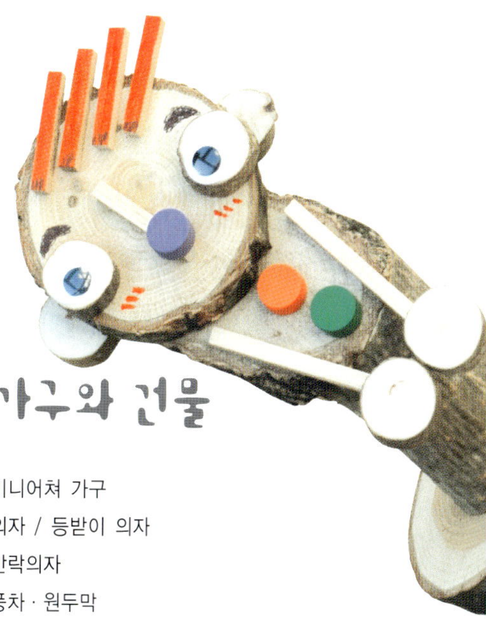

Ⅵ 가구와 건물

86 미니어쳐 가구
88 의자 / 등받이 의자
89 안락의자
90 풍차 · 원두막
91 집 · 통나무집

92 아주 쉬운 생나무공작(두번째)
94 원에서도 할 수 있는 생나무 공작

생나무 공작을 위한

나무와 재료

1 여러 가지 나무 모양

원반 모양의 생나무

원반 모양의 생나무는 나무공작에서 가장 많이 쓰이는 형태입니다.
납작하게 자른 원반 모양 생나무는 크기도 모양도 여러 가지고 재질에 따라 달라 보이기 때문에 쓰임새도 다양합니다.

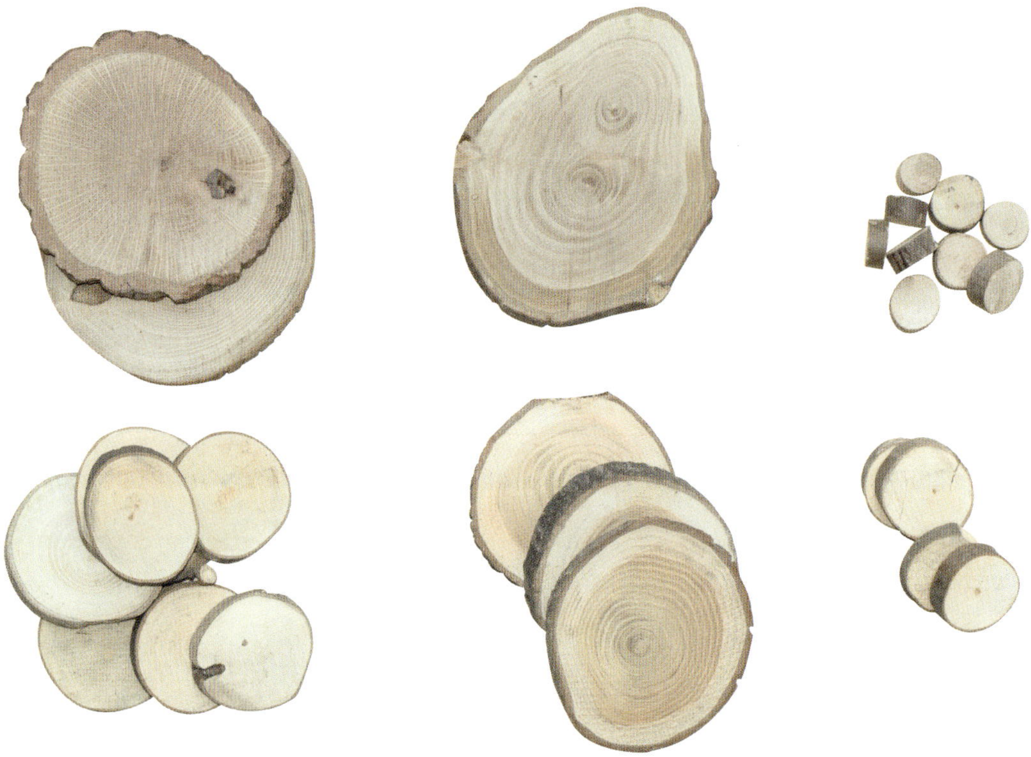

둥글고 커다란 원반 모양은 주로 밑받침으로 사용하며 중심을 잡아 주는 역할을 합니다.

작은 크기의 원반은 사람이나 동물의 눈, 코, 입, 귀나 손발을 만들 때 사용하면 편리합니다.

크고 나뭇결이 강한 원반 모양은 원반 위에 직접 그림을 그리고 나뭇조각을 붙여서 도화지와 같은 용도로 사용하면 좋습니다.

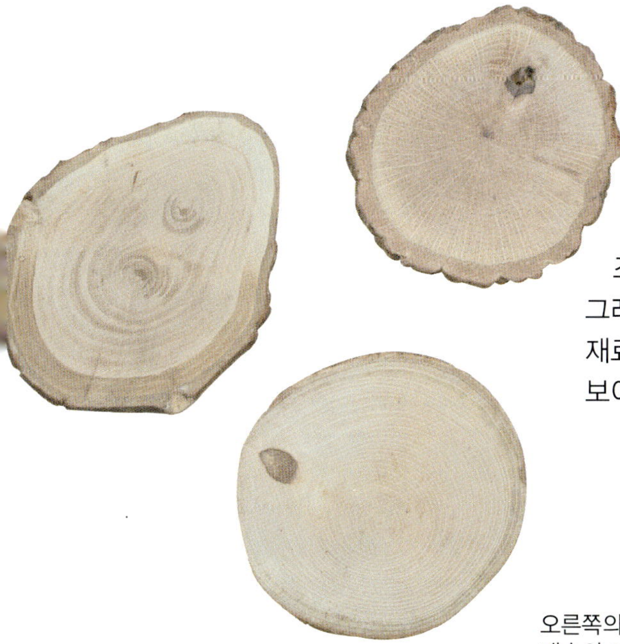

생나무는 자연에서 얻은 나무 그대로를 잘라서 사용하기 때문에 나뭇결이나 겉껍질, 나무의 색에 의해 비슷한 크기의 조각일지라도 모양이 달라보이는 특징이 있습니다. 그래서 제작과정이 같은 작품을 같은 개수의 나무와 재료들로 만들어도 완성된 작품이 각각 독창적으로 보이게 됩니다.

오른쪽의 두 작품은 같은 개수의 나무로 만든 〈돼지모양 선반〉입니다. 나무조각의 개수와 붙인 위치, 조각의 크기가 비슷하지만 나뭇결과 나무색, 모양에 의해 서로 달라보이는 것을 알 수 있습니다.

나무는 자른 부분에 따라 쓰임새도 각각 다릅니다.

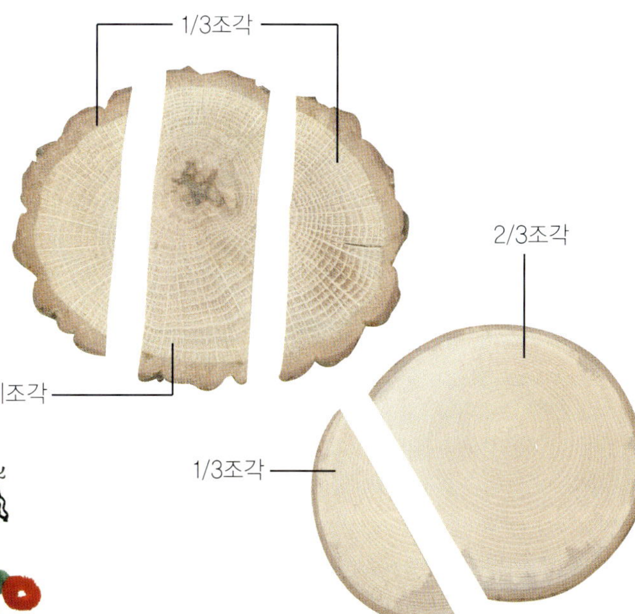

1/3가운데 조각을 사용한 알림판

전단지 꽂이는 원반을 다양한 크기로 잘라 붙여 만들었습니다.

기둥 모양을 사용한 생나무

나무를 원통이나 반원기둥 모양으로 자른 생나무는
동물이나 사람의 몸통, 사물의 기둥으로
사용하면 좋습니다.

사선으로 자른 생나무

사선으로 자른 생나무는 잘라진 넓은 면을 이용해 기둥이나 받침에 주로 사용되며 그외 동물의 얼굴이나 각도가 필요한 모양에 주로 사용됩니다.

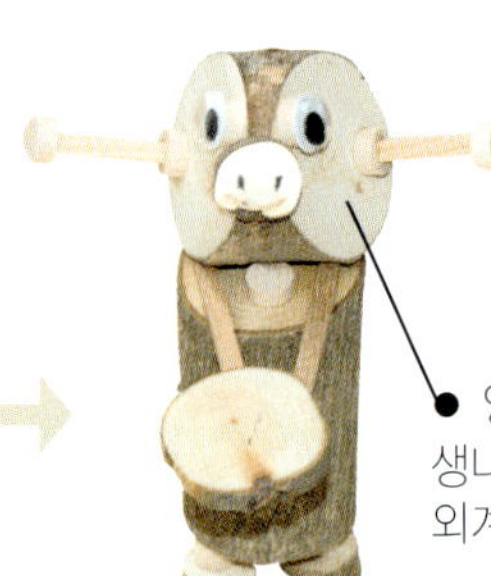

2 생나무와 함께 사용하면 어울리는 재료들

고리와 반고리 모양

고리와 반고리는 모양이 깔끔하고 정교하여 기계나 도구같은 사물을 만들 때 사용하면 좋습니다. 또한 곡선을 필요로 하는 모양에 적합한 재료입니다.

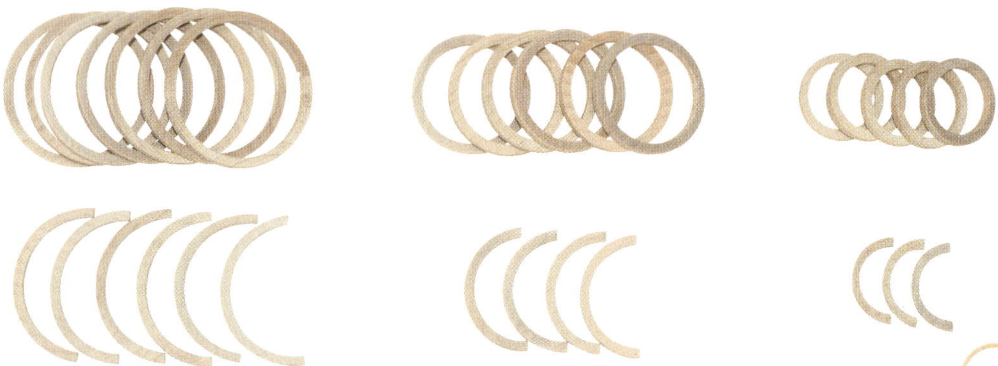

여러 가지 도형 모양

잘 다음어진 도형 모양의 나무는 작품을 꾸밀 때나 얇은 물체를 표현할 때 사용하면 적합합니다.

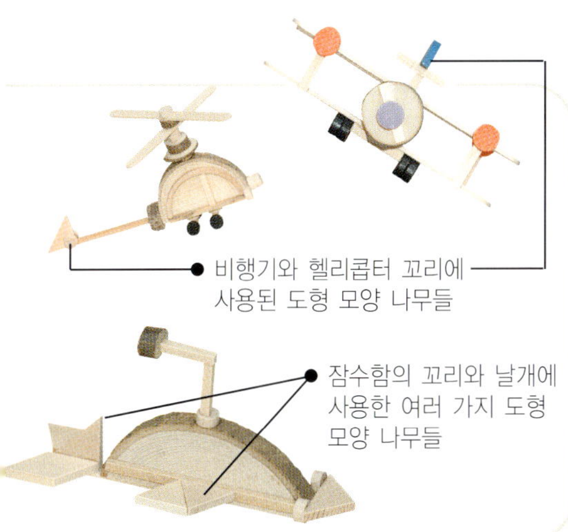

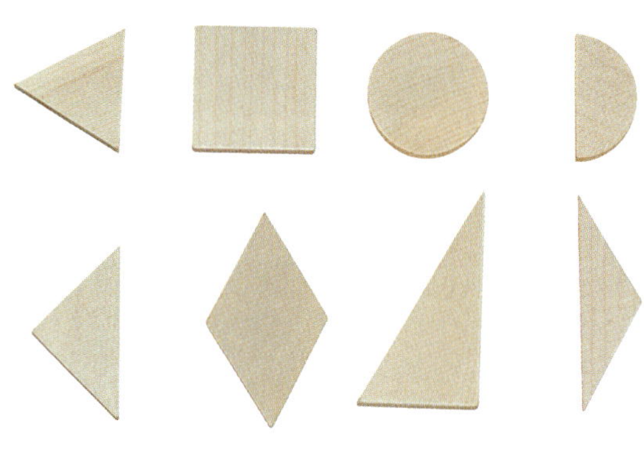

여러 가지 나무 재료

나무 재료는 생나무와 접합이 잘 되어 여러 가지 용도로 사용됩니다.

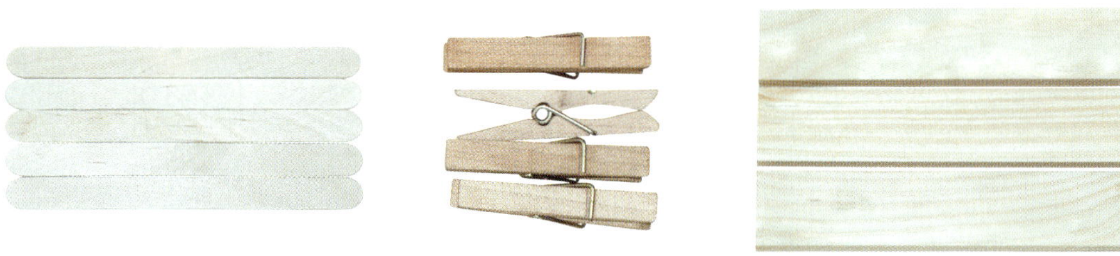

• 나무집게를 이용한 작품들

• 하드막대를 이용한 작품들

• 나무판을 이용한 작품들

가는 나무 막대와 작은 원목 알갱이는 작고 정교한 모양으로 거의 모든 작품에 빠지지 않고 들어가는 생나무와 잘 어울리는 재료입니다.

여러 가지 선 재료

철사나 마끈 등 선 재료들은 생나무와 함께 사용하면 밋밋한 작품에 신선하고 다양한 느낌을 줄 수 있습니다.

■ 선 재료를 이용한 작품들

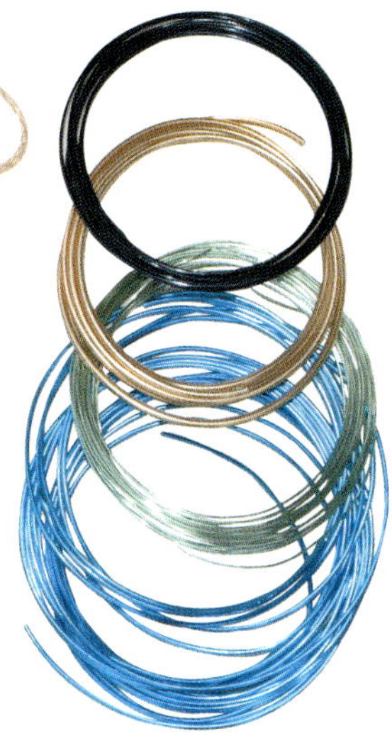

보조 재료

면봉은 나무에 칠한 크레파스를 번지게 할 때나 본드를 바르고 닦을 때 사용합니다.

사포는 나무의 더러워진 부분이나 거친 면을 다듬을 때 사용합니다.

목공용 본드는 생나무와 기타 재료들을 접합시킬 때 사용합니다.

완구 눈은 동물이나 사람의 눈을 만들 때 사용하면 그림으로 표현한 것보다 더 생동감 있게 보일 수 있습니다.

입체 나무 조각들

■ 입체나무 조각을 이용하여 만든 작품들

3 비슷한 나무와 재료로 만든 다양한 작품들

나무의 종류나 크기, 개수가 비슷한 조각으로 만든 여러 가지 작품입니다. 생나무의 특징과 꾸며 준 방법에 따라 모두 다른 모양으로 완성되었습니다.

천하장군

겁쟁이

개구쟁이

사용한 재료들

반원기둥 생나무 1개

원기둥 생나무 1개

지름 약 10cm원반 1개

지름 약 5cm원반 1개

지름 약 3cm원반 2개

반고리 2개

짧은 막대 4개

원목알갱이 2개

완구눈 1쌍

색종이 1/2장

사용한 재료들

반원기둥 생나무 1개

원기둥 생나무 1개

지름 약 10cm원반 1개

반고리 3개

지름 약 5cm인
2/3원반 1개

짧은 막대 4개

원목알갱이 4개

완구눈 1쌍

4 어려운 작업 쉬운 작업

생나무 공작은 나무와 나무, 나무와 기타 재료를 붙이는 과정이 매우 중요합니다.
모든 나무가 서로 잘 붙는 것이 아니기 때문에 붙는 면을 고려하면 좀더 효율적으로 손쉽게 작품을 만들 수 있습니다.

● 겉껍질은 접착력이 약해 튼튼하게 붙지 않습니다.

● 돼지코와 얼굴은 닿는 면적이 넓어 쉽고 튼튼하게 붙습니다.

● 원숭이 얼굴과 귀는 닿는 면은 적지만 면과 면끼리 붙게 되어 잘 붙고 튼튼하게 붙습니다.

● 겉껍질끼리 붙게 되면 접착력도 약하고 튼튼하게 붙지 못합니다. 그래서 꼭 이렇게 붙여야 할 경우에는 본드칠을 충분히 하여 본드의 힘으로 붙도록 해야 합니다.

● 색종이, 털실 등은 생나무와 잘 접합이 되는 재료입니다.

둥근면끼리 닿았지만 ● 작고 가벼운 재료들은 본드의 힘으로 튼튼하게 붙어 있게 됩니다.

■ 둥근면끼리는 붙는 면적이 적어 잘 붙지 않기 때문에 가급적 직접 붙이는 것은 피하고 꼭 붙여야 할 경우에는 본드를 충분히 칠하고 뒷쪽(보이지 않는쪽)에 종이나 작은 보조 재료를 붙여 주어 접합시킵니다.

● 뒤쪽에 두꺼운 종이를 붙여 튼튼하게 하였습니다.

● 위쪽에 무거운 생나무가 겉껍질쪽으로 붙게 되어 아래 부분에 작은 원목 알갱이를 붙여 주었습니다.

아주쉬운 생나무 공작

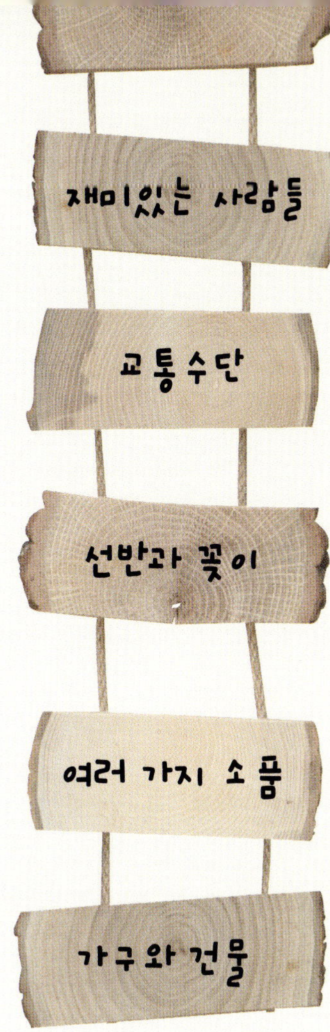

재미있는 사람들

- 해적
- / 엄마와 나
- / 수염난 아저씨
- 겁쟁이
- 뾰족머리
- 선반 든 남자
- 벌 서는 아이
- 외계인
- 의자에 앉은 소녀
- 소녀
- 어린아이
- 할머니
- / 아줌마
- 뚱보
- 개구쟁이
- / 쌍둥이
- / 겁쟁이
- 인디언
- 천하장군

엄마와 나

머리는 모루를
이용해서
꼬불거리게
표현했어요.

눈 옆에
길게 눈썹을
그려주니
더욱 여성스럽게
보이네요.

인조 꽃이나 리본을
달아주면 여성스럽게 보여요

해적

얼굴에 흉터를
그려주니까
더 흉악해 보이네요.

수염난 아저씨

몸통이 너무 바깥쪽으로
나가면 쓰러질 수
있으니 밑받침과 균형을
잘 맞추어야 해요.

겁쟁이

겁쟁이의 얼굴은 어떤 모습일까요?
눈썹의 각도와 입의 모양만 잘 표현하면
겁쟁이의 얼굴을 만들 수 있어요.

옷은 사인펜을 이용해서 마음대로 꾸며 보세요.

겁쟁이 만드는 순서

1 원반에 작은 나무 조각들을 이용해서 얼굴을 만들고, 귀를 붙인다.

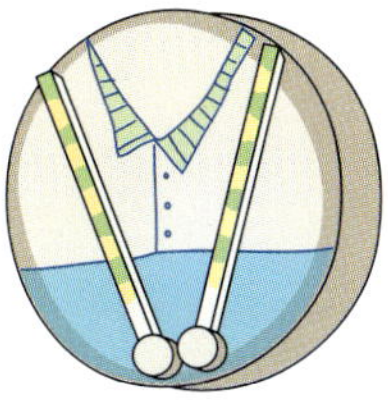

2 몸통에 옷 느낌이 나게 그림을 그리고, 팔을 붙인다.

3 얼굴과 몸통을 붙인다.

4 받침나무에 몸통을 붙이고, 다리를 붙여 겁쟁이를 완성한다.

뾰족머리

뾰족머리 만드는 순서

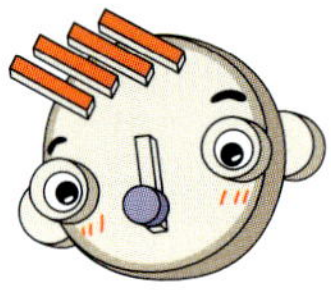

1 작은 나무 조각들을 이용해서 얼굴을 만든다.

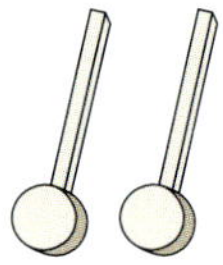

2 긴 막대에 작은 원반을 붙여 팔과 손을 만든다.

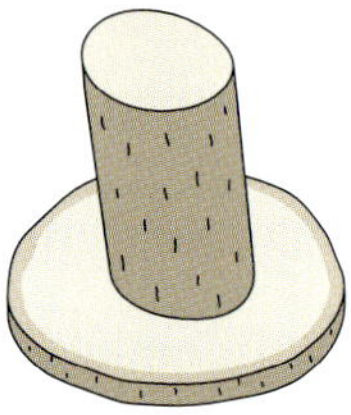

3 밑받침에 원기둥 나무를 붙인다.

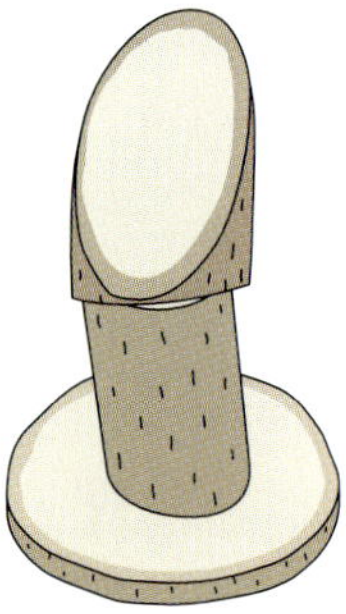

4 3번에 대각선으로 자른 나무를 붙인다.

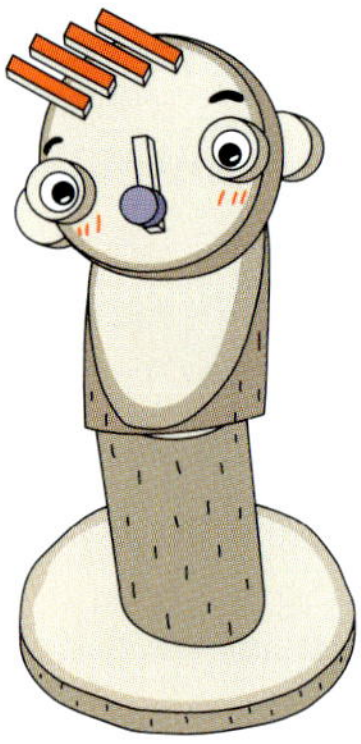

5 만들어 놓은 얼굴을 붙인다.

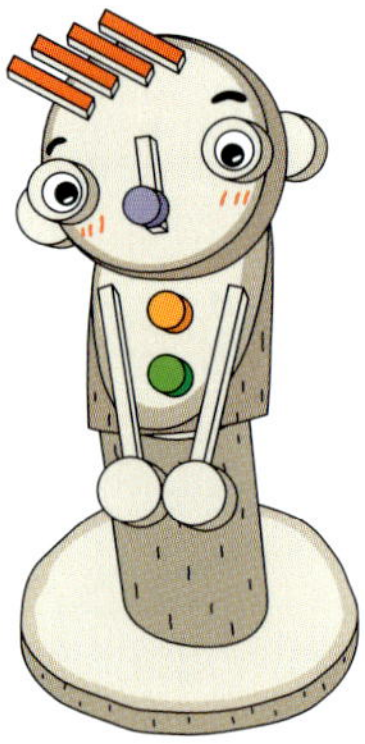

6 팔을 붙이고 가운데 부분에 포인트를 주어 꾸민다.

선반 든 남자

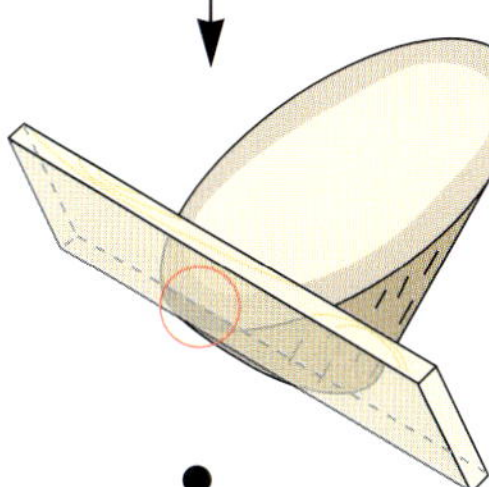

면과 면끼리 붙어야
튼튼하게 붙습니다.

선반 위에
작은 소품을 놓아
장식해 보세요.

벌 서는 아이

무릎을 꿇고 손을 머리 위에 얹고 벌을 서 본 적이 있나요?
왜 벌을 서게 되었나요?
대각선으로 자른 나무 토막을 이용해서 벌 서는 아이를
만들어 보세요.

두 개의 원반이 마치 무릎을 꿇은 모습처럼 보이네요.

눈썹의 방향과 각도가 아래로 향해야 불쌍한 표정을 표현할 수 있어요.

외계인

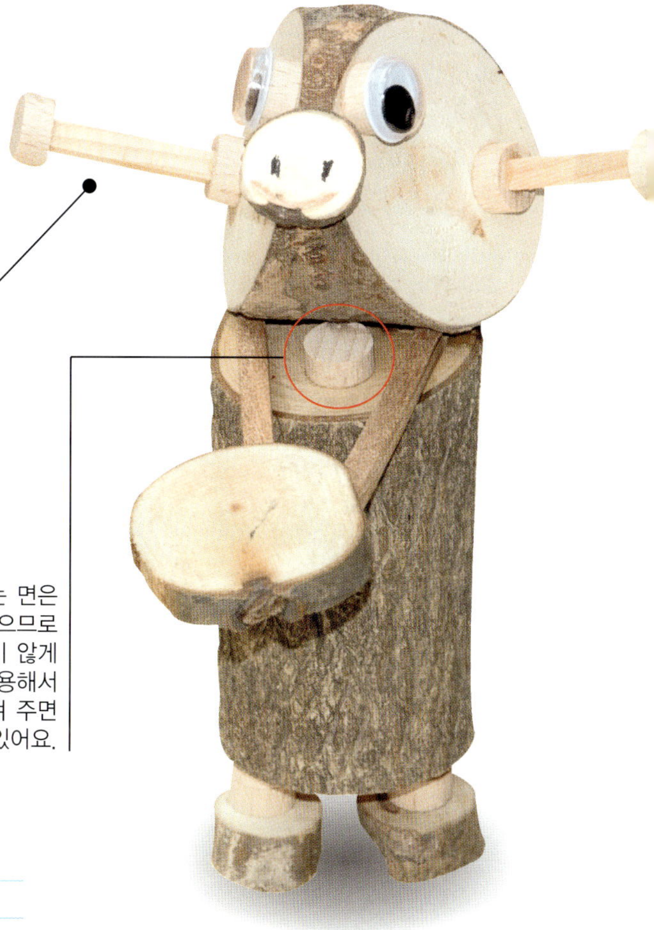

귀는 짧은 막대를 이용해
미리 만들어 놓은 후
붙이세요.

얼굴의 둥근 부분과 붙는 면은
접착이 쉽지 않으므로
어색하지 않게
작은 알갱이를 이용해서
고정시켜 주면
튼튼하게 붙일 수 있어요.

외계인은 어떤 모습일까요?
코는 돼지코처럼, 귀는 안테나처럼
몸통은 길고 다리는 짧은, 외계인을 만들어 보세요.

의자에 앉은 소녀

털실을 붙였더니
진짜 머리카락처럼
보이네요.

넓은 바탕에
예쁜 꽃들을 그려서
꽃밭의 느낌이 들도록 꾸몄어요.

앉은 소녀 만드는 순서

1 접착제로 털실을 붙여 머리를 만들고, 얼굴을 꾸민다.

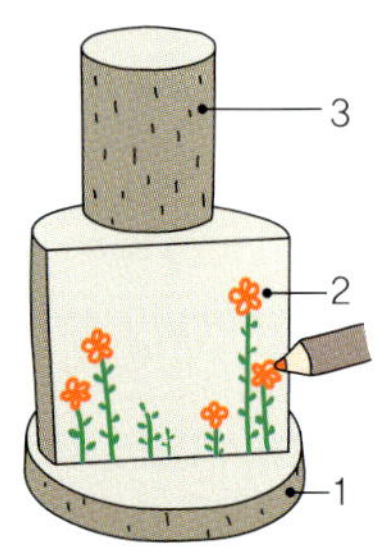

2 1, 2, 3 순서대로 붙여 주고, 2번에 예쁘게 꽃을 그린다.

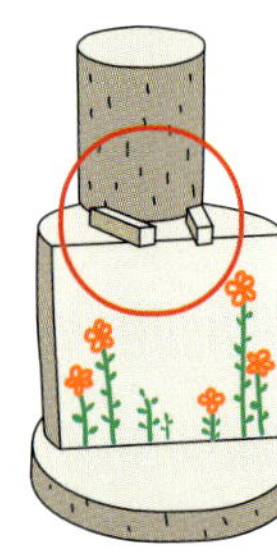

3 넙적다리 부분을 붙인다.

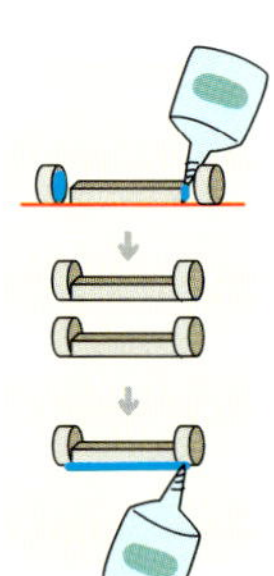

4 막대 부분과 원 알갱이가 그림의 빨간 선처럼 일직선 상에 놓이도록 붙인다.

5 만들어 놓은 4번을 붙인다.

6 팔과 얼굴을 붙여 완성한다.

리본은 치마와 같은 종이를
얇게 오려 접어서 붙였어요.

치마는 잡지에서 무늬가
있는 곳을 오려 만들었어요.

소녀

튼튼하게 하기 위해
종이를 두 겹으로 접은 후
얼굴과 몸통 부분에 붙여 주었어요.
종이를 이용하면
붙이기 어려운 조각끼리도
손쉽게 붙일 수 있어요.

어린아이

두꺼운 면실을 한올한올
풀었더니 가늘고 고불거리는
머리카락 모양이 나왔어요.

꺽인 팔을 표현하기 위해 짧은 막대를
직각으로 연결해서 만들었어요.

얼굴과 몸을 튼튼하게
연결 시키기 위해
반원을 이용했어요.

발은 사각형과 반원을
이용해서 만들었어요.

공갈 젖꼭지를 문 것처럼
보이기 위해 입부분을
튀어나오게 표현했어요.

할머니

머리카락은
회색 크레파스와
연필을 이용해서
그렸어요.

지팡이는
반고리와
막대를 붙여
만들었어요.

아줌마

눈썹은 선명하고 길게,
입술은 크게,
머리는 곱슬거리게
그려 주었더니
아줌마처럼 보이네요.

다리는 활동적으로
보이도록 붙여 주고,
줄무늬 양말로 꾸몄어요.

뚱보

내 친구 뚱보는 얼굴도 뚱뚱하고
팔 다리도 뚱뚱하고
앞 머리는 고불고불 곱슬 머리래요.

뚱보 만드는 순서

1 얼굴을 만든다.

2 머리모양과 입을 그린다.

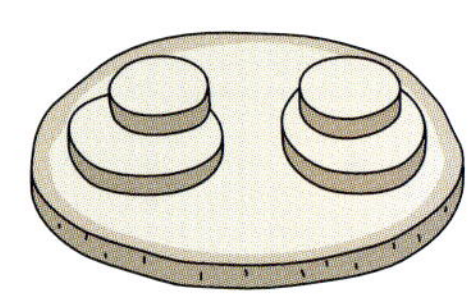

3 받침대 위에 원반을 붙여 다리와 발을 만든다.

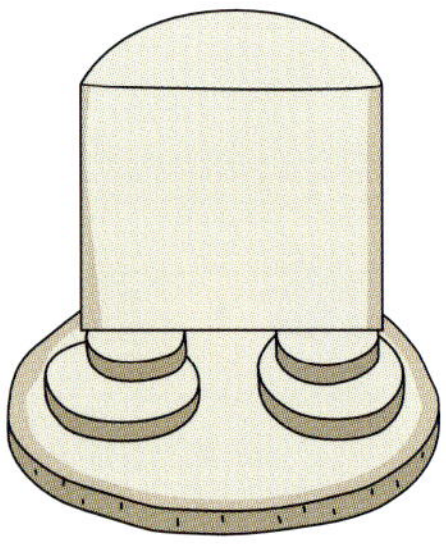

4 몸통을 붙인다.

5 만들어 놓은 머리를 붙인다.

6 작은 원반을 몸통에 붙여 팔과 손을 만든다.

뚱보

개구쟁이

쌍둥이

머리 위에 납작한 원반을
얹고 꼭지를 달아 주었더니
빵모자 느낌이 드네요.

머리는 색종이를
오린 후 끝을
말아서 만들었어요.

겁쟁이

인디언

이마 부분에
끈을 묶어주니
더욱 인디언처럼
보이네요.

머리는 털실을
이용해서 만들었어요.

옷은 주름 종이를 이용해서 만들었어요.
주름 종이의 아랫부분을 잘게 잘라
술처럼 보이게 했고, 주름 종이 위에
마끈을 감아 주어 멋을 냈어요.

어느 방향에서 보아도 멋스러워 보이도록
마무리를 깔끔하게 처리했어요.

천하장군

천하장군의 표정이 강해 보이도록 눈썹끝을 올려서 붙여 주었어요.

천하장군 만드는 순서

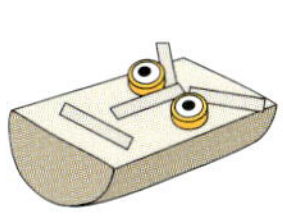

1 원반에 천하장군 얼굴을 만든다.

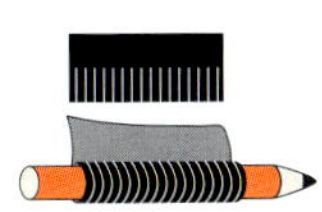

2 색종이를 가위로 오린 후, 연필에 둥글게 말아주어 머리 모양을 만든다.

3 얼굴에 머리를 붙이고, 머리 위에 작은 원반을 붙인다.

4 원기둥 생나무에 반고리를 붙여 팔을 만든다.

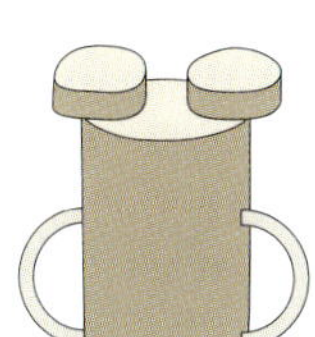

5 작은원반 두 개를 붙여 발을 만든다.

6 밑받침 원반에 몸통을 붙이고 얼굴을 붙여 완성한다.

교통수단

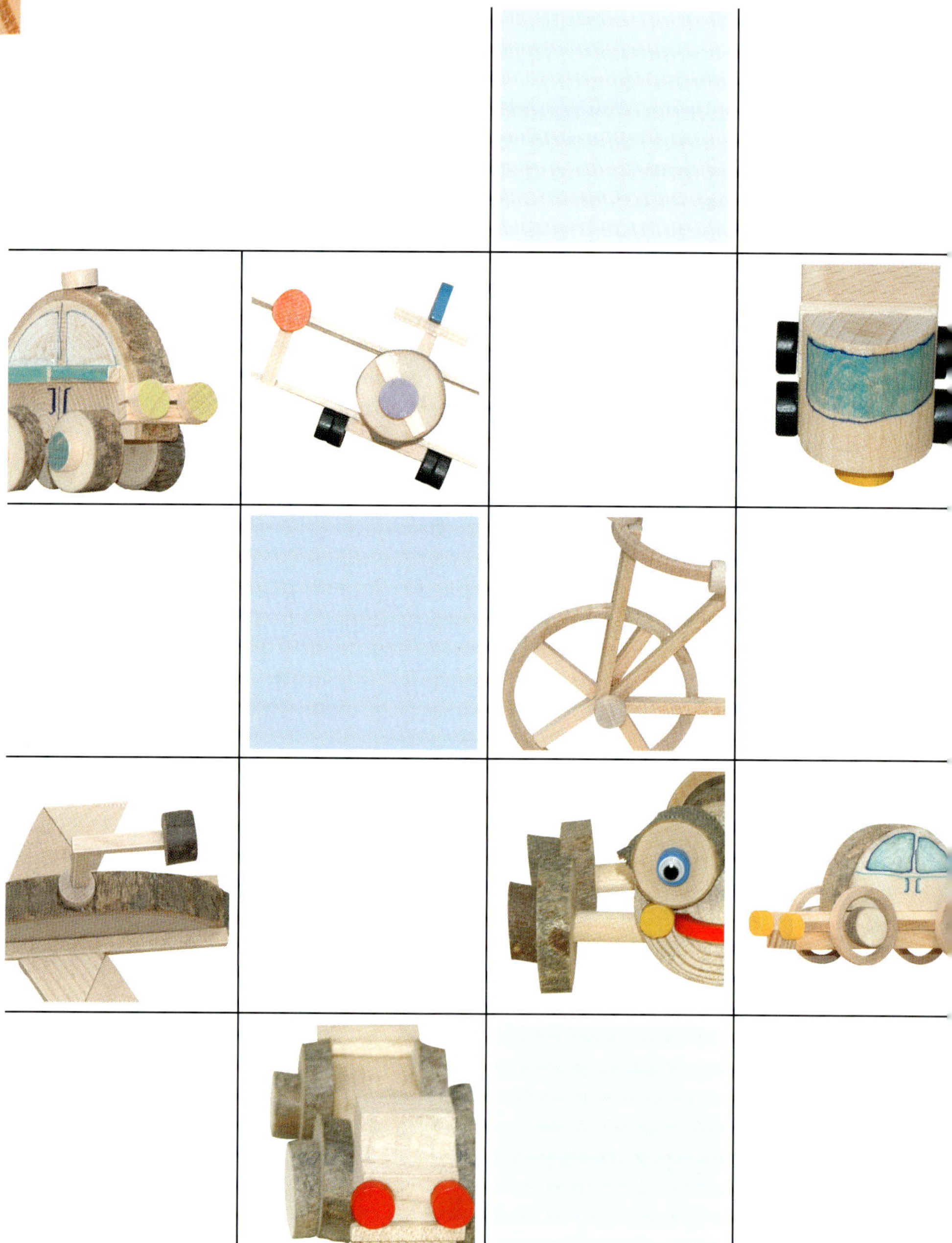

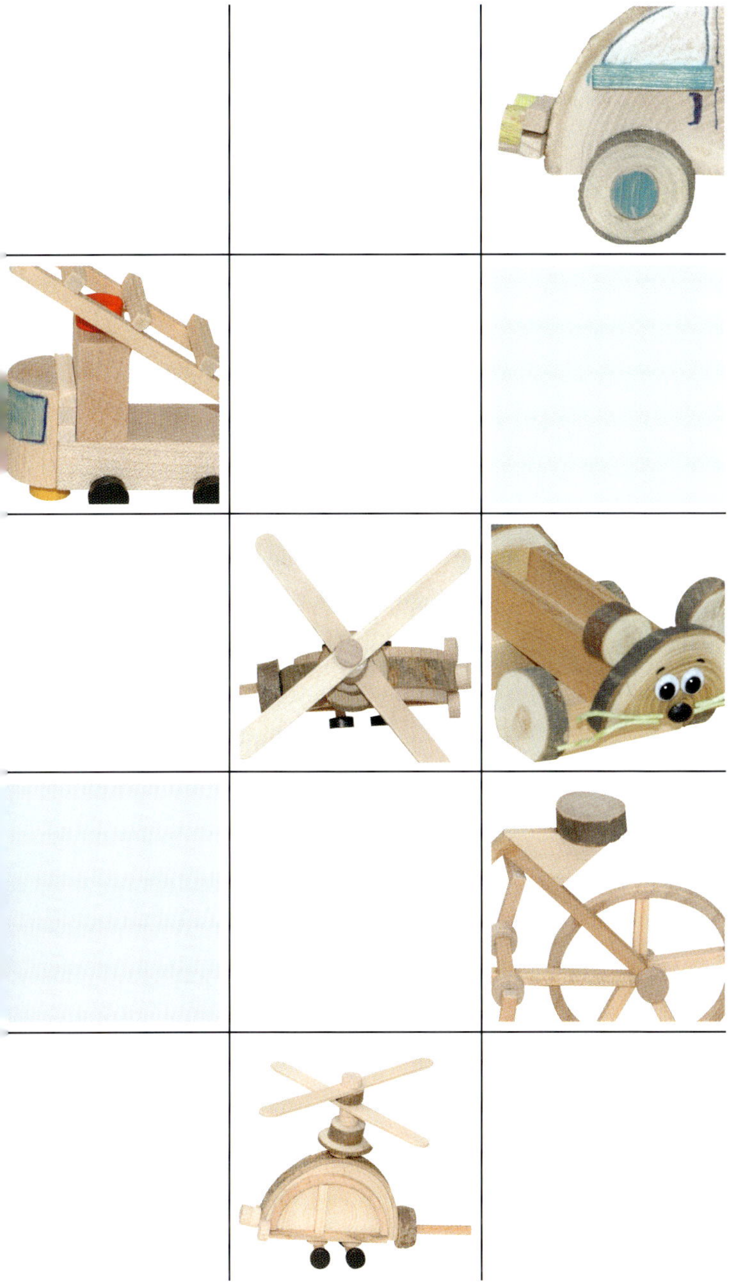

- 헬리콥터
- 비행기
- 사다리차
- 자전거
- 택시
- 잠수함
- 리무진
- 꼬마 자동차 / 트럭
- 생쥐 자동차

헬리콥터

하드 막대는
얇고 넓어서
날개를 만들기에
적합해요.

헬리콥터 만드는 순서

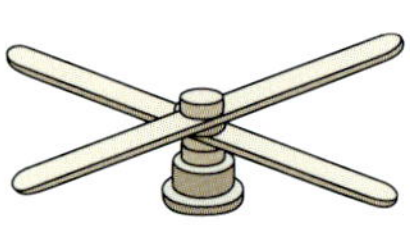

1 날개를 만든다.

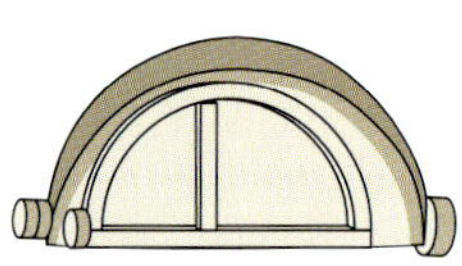

2 몸통을 꾸민다.

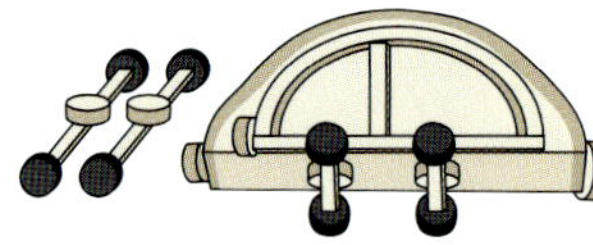

3 바퀴를 만들어 몸통에 붙인다.

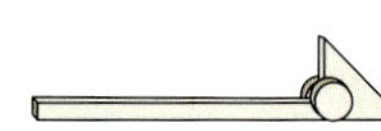

4 꼬리를 만들어 붙인다.

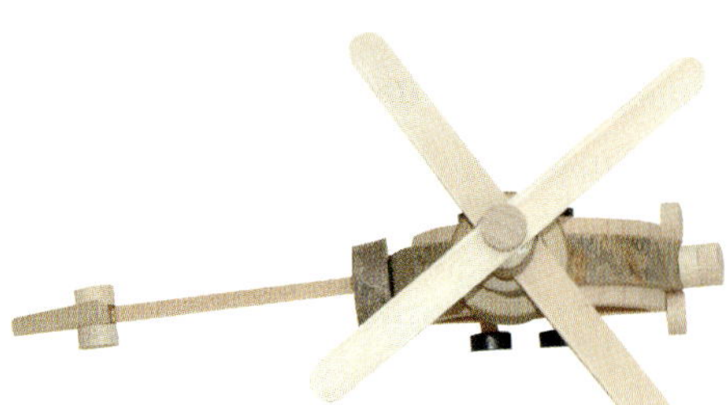

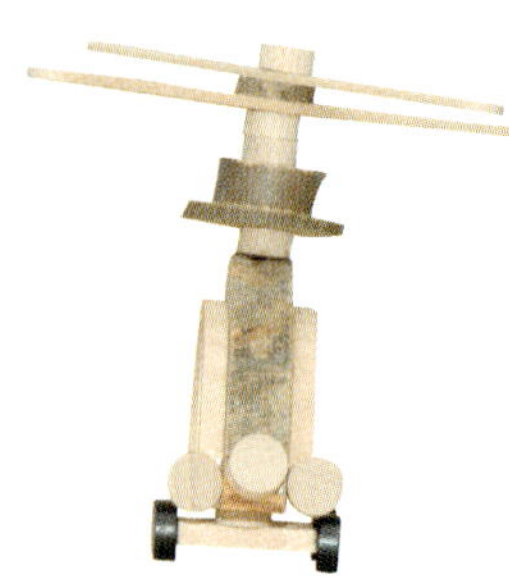

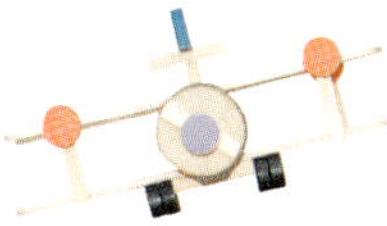

비행기

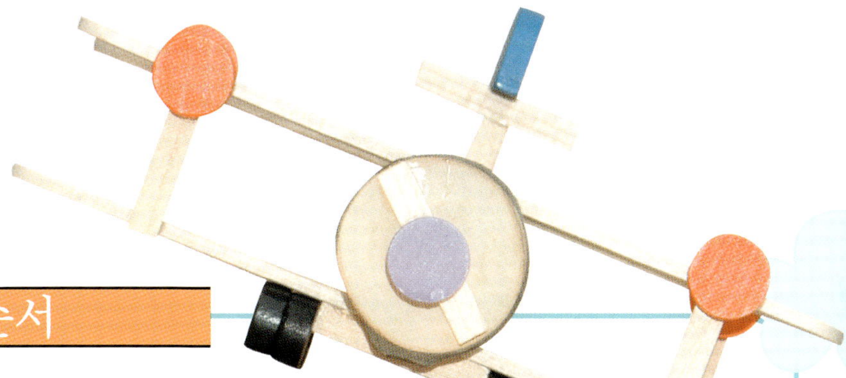

비행기 만드는 순서

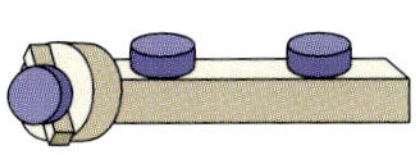

1 몸통을 만든다.

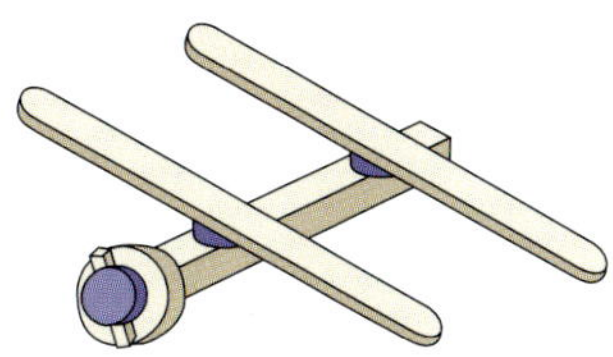

2 윗날개를 붙인다.

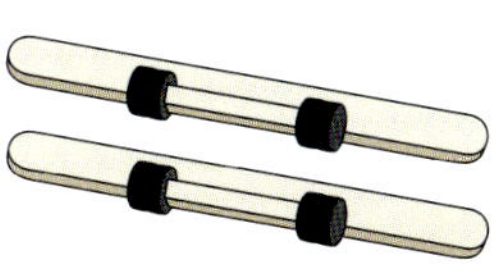

3 바퀴를 만든 후 아랫날개 가운데 앞쪽에 붙인다.

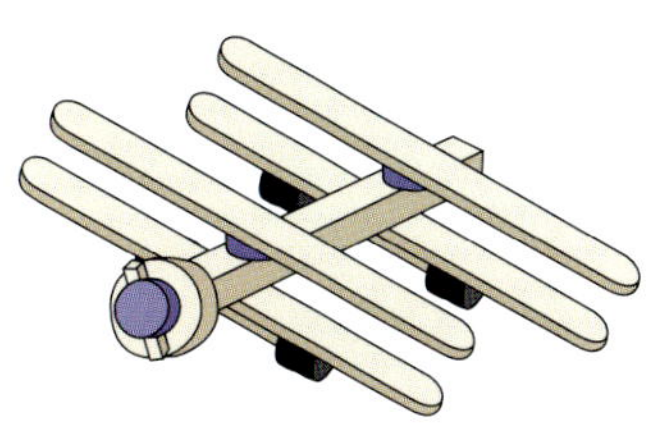

4 윗날개 바로 아래 부분과 수평하게 아랫날개를 붙인다.

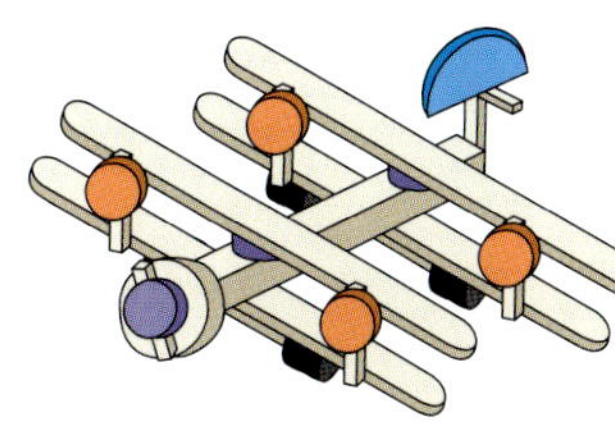

5 날개에 점알갱이를 붙여 꾸미고 꼬리를 만들어 완성한다.

사다리차

사다리는 미리
만들어 놓은 후
통째로 붙이세요.

반원기둥을
이용해서
만들었어요.

잎쪽이 무거워서 쓰러지지 않도록
중심을 잡기 위해
바퀴 높이로 원목 나무를 붙여 주었어요.

자전거

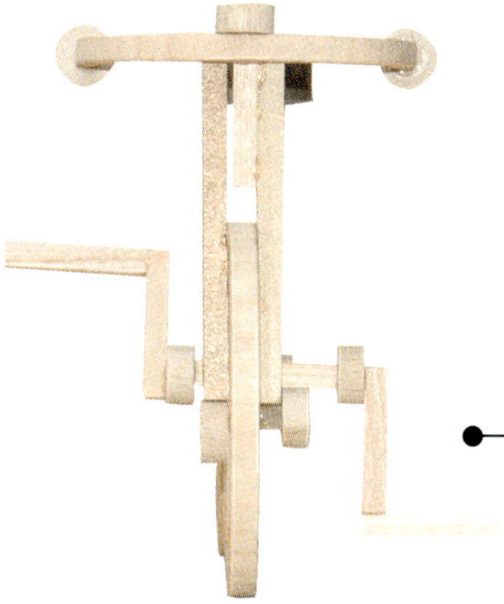

페달은 한 쪽이 내려가면
다른 한쪽은 올라가도록
붙여 주세요.

자전거 바퀴 연결하기

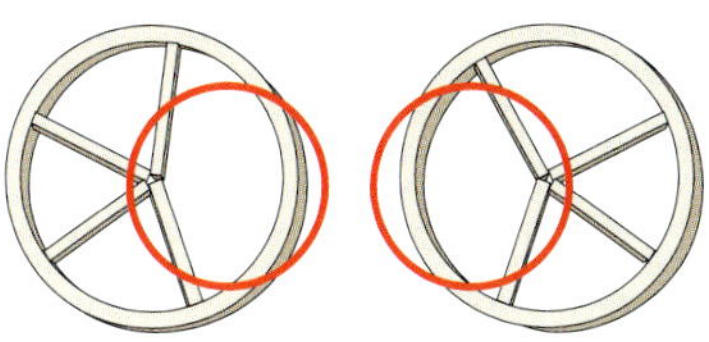

1 바퀴 살을 붙일 때, 두 개의 바퀴를 연결하는 부분은 살을 붙이지 않도록 한다.

2 바퀴 지름의 1.5배 되는 길이의 막대를 붙여 두 개의 바퀴를 연결한다.

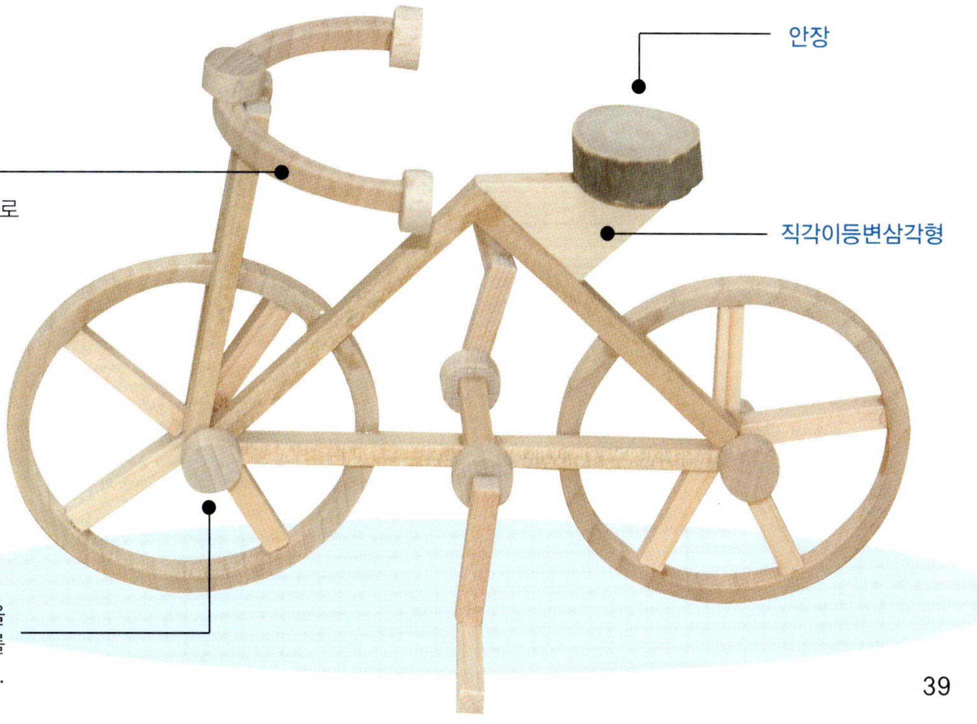

안장

핸들

핸들은 반고리로
만들었어요.

직각이등변삼각형

살이 맞닿은 부분을
감추기 위해 원목 알갱이를
붙였어요.

택시

뛰뛰빵빵 –
택시는 버스처럼 돈을 내고 타는
교통수단이에요.

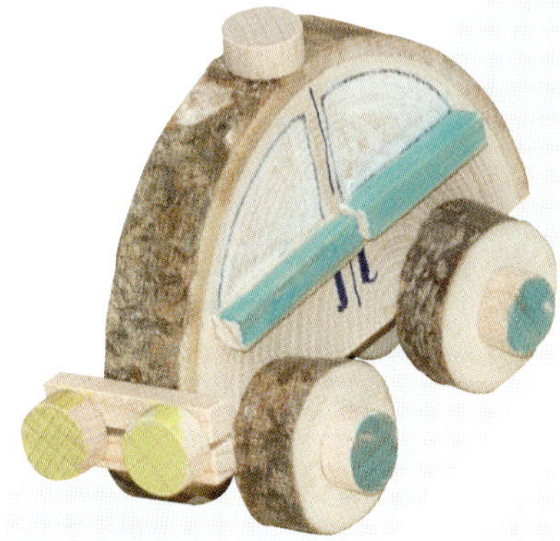

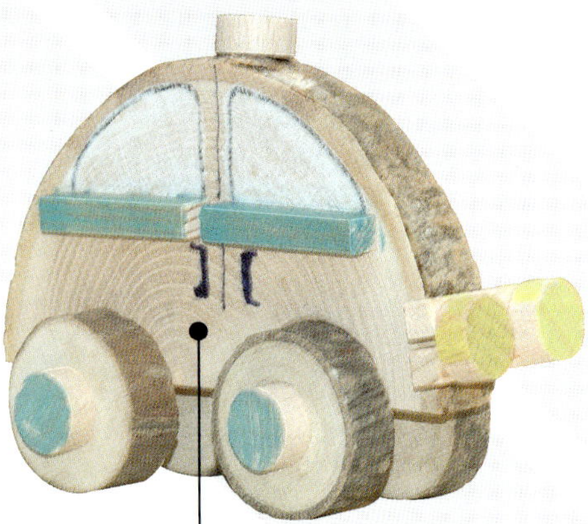

깜빡깜빡
불빛이 나오도록
헤드라이터도
만들어야 겠죠?

손잡이도 꼭
그려 넣으세요.

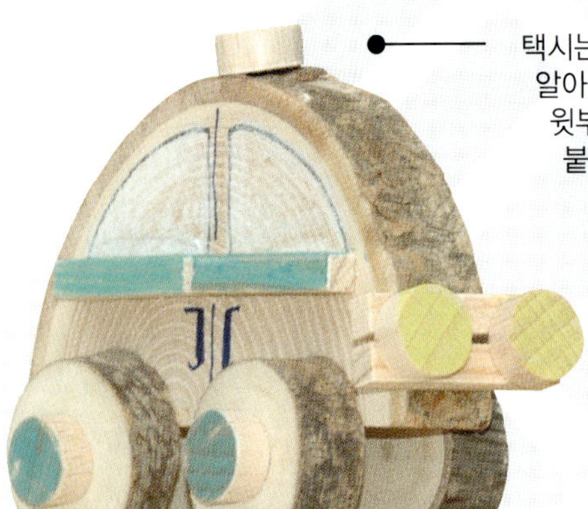

택시는 멀리서도
알아 볼 수 있도록
윗부분에 표시판이
붙어 있어요.

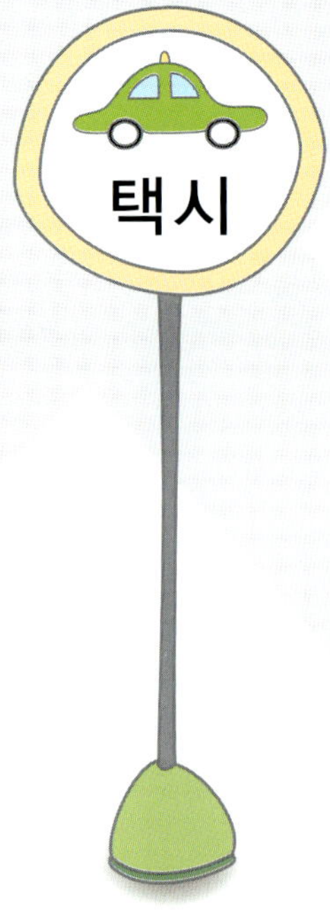

잠수함

잠수함은 물 속을 다녀야 하기 때문에
물고기처럼 지느러미도 있고,
물살을 가르기 위해
앞 부분이 뾰족해야 해요.

잠만경으로 무엇을 볼까요?

앞에서 보니 날카로운
상어처럼 보여요.

지느러미처럼 날개를
달아 주었어요.

삼각형 두 개를
붙였어요.

마름모 한 개를
붙였어요.

리무진

리무진 만드는 순서

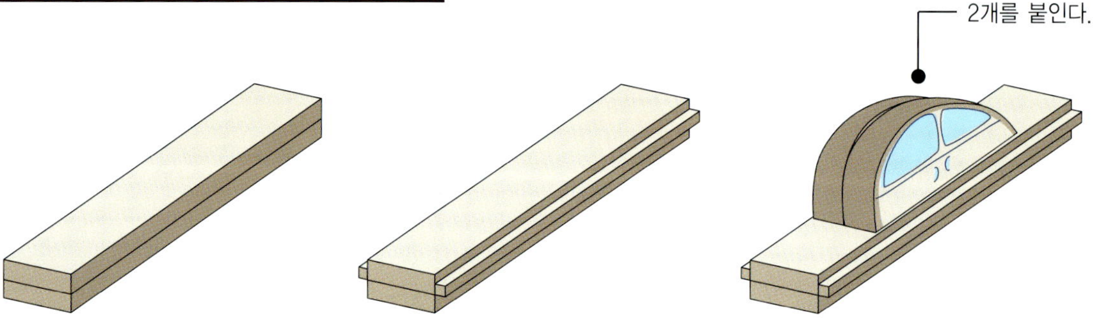

1 두 개의 나무 판을 붙여 두께를 준다.

2 옆면에 같은 길이의 막대를 붙인다.

3 반원 모양의 나무에 유리창을 그린 후 붙인다.(반원의 두께가 얇으면 두 개를 붙여준다.)

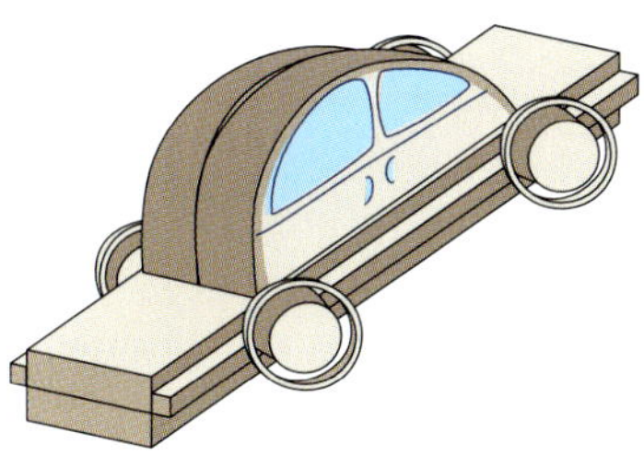

4 적당한 간격을 유지해서 바퀴를 붙여준다.(겉바퀴를 먼저 붙인 후 속바퀴를 붙인다.)

5 앞부분과 뒷부분에 작은 나무 조각으로 꾸며주어 완성한다.

꼬마 자동차

자동차에 눈, 코, 입을
만들어 붙여 주면
생동감 있고 친근한
꼬마자동차가 탄생해요.

트럭

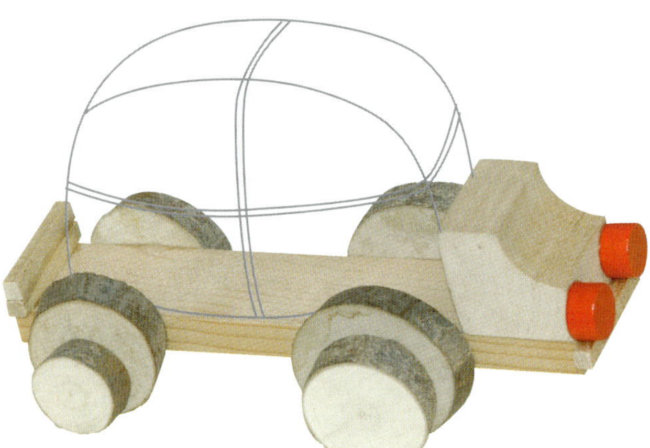

생쥐 자동차

수염은 종이
끈으로 붙였어요.

까만콩으로 코를 만들었어요.

선반과 꽂이

- 기린 연필 꽂이
- 돼지 다용도 꽂이

  / 전단지 꽂이
- 사물 꽂이
- 부엉이 미니 선반
- 돼지 미니 선반
- 공작새 긴 선반
- 매미 메모 꽂이

  / 쥐 메모 꽂이
- 장식장
- 강아지와 곰 양면 꽂이
- 호랑이 양면 꽂이
- 다용도 꽂이
- 잠자리 명함 꽂이
- 쥐 연필 꽂이
- 이중 지관 꽂이
- 개구리 메모 꽂이
- 나무봉 전단 꽂이

  / 눈사람 메모 꽂이
- 부엉이 용품 꽂이
- 돼지 용품 꽂이
- 집그림 용품 꽂이

  / 꿀벌 용품 꽂이

  / 가위모양 용품 꽂이

기린 연필 꽂이

지관에 바로 그림을
그리고 색칠했어요.

지관은 종이로 만들어져 접착제를 이용하면 나무와 튼튼하게 잘 붙고, 색상이 비슷해서 나무와 잘 어울리는 재료입니다.

지관의 밑받침을 붙일 때는
지관 앞에 기린같은 동물을
붙여야 하므로 밑받침이
최대한 많이 남도록
붙여주어야 합니다.

색종이를 이용해서
만들었어요.

돼지 다용도 꽂이

돼지다용도꽂이 만드는 순서

1 원반 두 개를 직각으로 붙인다.

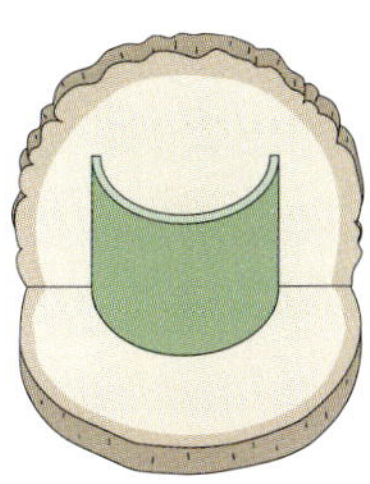

2 반으로 자른 대나무를 붙인다.

3 돼지 두 마리를 만든다.

4 만들어 놓은 돼지를 모양있게 붙인다.

5 대나무 앞쪽에 크기가 다른 반고리를 1cm간격 정도 떨어지게 붙인다.

전단지 꽂이

여러 가지 모양과 크기의 반원모양 생나무를 많이 준비해서 나무와 나무 사이의 공간을 불규칙하게 떨어뜨려 붙여 주세요. 공간과 공간 사이가 넓은 곳은 잡지를, 좁은 곳은 전단지나 메모지를 꽂을 수 있어요.

빵끈을 이용해서 리본을 만들어 붙여 주니 귀여운 소녀가 되었어요.

모루를 이용해서 꽃 한송이를 들고 있는 효과를 주었어요.

머리모양은~ 굵은 털실을 풀었더니 고불고불하게 변했어요.

사물 꽂이

하드 막대는 가볍고 면이 넓어서 생나무와 함께
사용하면 손 쉽게 붙일 수 있고 멋스럽기도 하답니다.

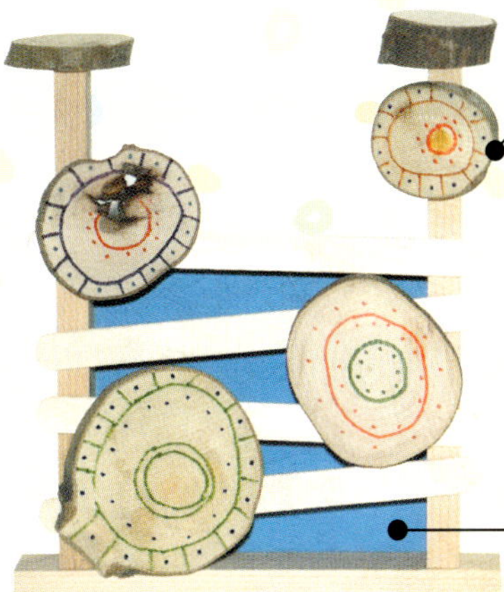

나무에 무늬를 넣어
단순한 느낌을 없애
주었어요.

뒷면은 두꺼운
종이를 대서
막아 주었어요.

부엉이 미니 선반

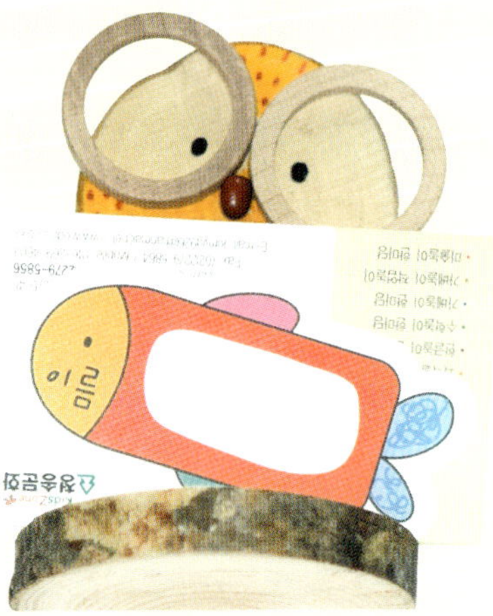

부엉이는 둥근 나무와 고리가 있으면 쉽게 표현할 수 있는 소재입니다.

부엉이 만드는 순서

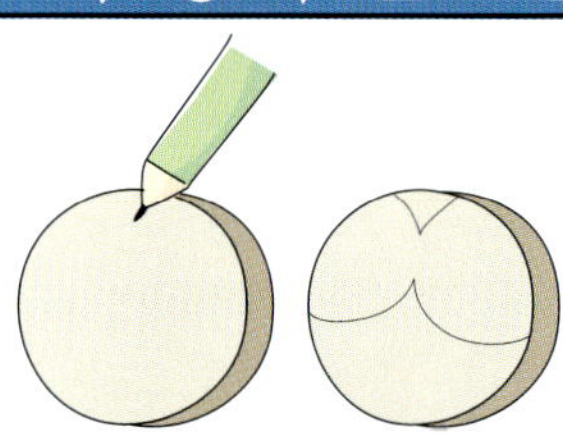

1 원반에 고리 모양을 대고 연필로 눈이 될 부분을 표시한다.

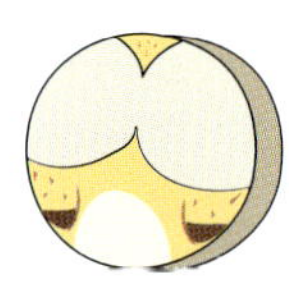

2 눈을 제외한 부분에 색을 칠하고, 날개와 깃털을 그린다.

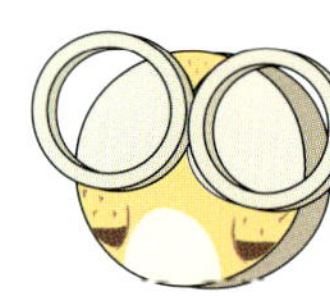

3 고리를 붙여 눈을 만들어 준다.

4 눈을 그리고, 팥을 붙여 코를 만든다.

5 사선으로 자른 생나무 위쪽에 부엉이를 붙이고 가지 느낌이 들도록 막대를 붙여준다.

6 선반이 되는 반원생나무를 붙여 완성한다.

돼지 미니 선반

미니 선반은 책상이나 식탁 등에 장식용으로 놓으면서 간단한 메모를 할 수 있도록 연필이나 볼펜 등을 얹어 놓으면 좋습니다.

면과 면이 충분히 닿도록 붙이세요.

변신돼지!!

같은 모양에 치장을 해 주었더니 여자 돼지로 바뀌었어요!
종이나 헝겊 또는 주위의 폐품을 이용하여 꽃이나 악세서리를 만들어 보세요.

공작새 긴 선반

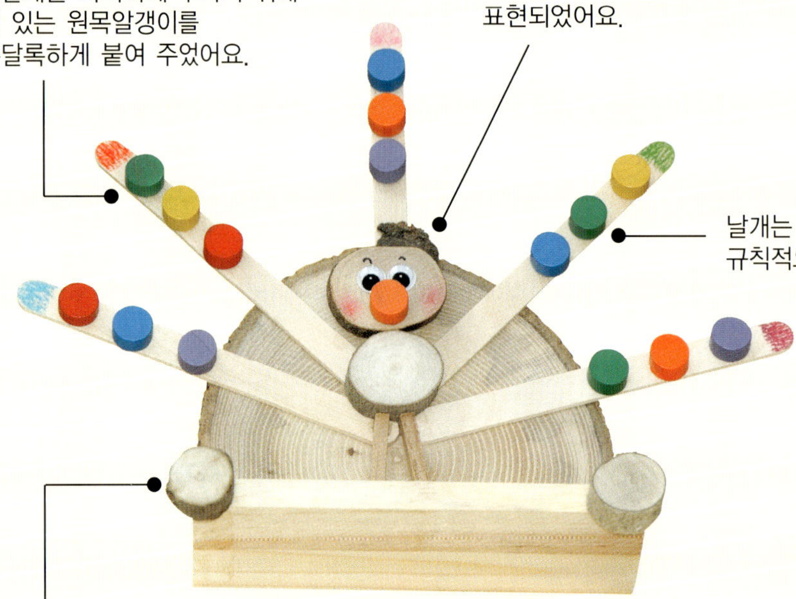

공작날개를 화려하게 꾸미기 위해
색이 있는 원목알갱이를
알록달록하게 붙여 주었어요.

생나무의 모양은 다양하답니다.
머리 부분은 껍질의 모양이
튀어 나와서 자연스럽게 볏처럼
표현되었어요.

날개는 하드 막대를
규칙적으로 붙여 만들었어요.

생나무를 붙여 선반의 딱딱한 느낌을
부드럽게 해 주었어요.

매미 메모 꽂이

날아가는 매미를
표현하기 위해
하드막대의 끝에 매미를
만들어 붙여 주었어요.

줄무늬는 날개를
붙이기 전에
그려주세요.

쥐 메모 꽂이

쥐의 수염은
이쑤시개로
만들었어요.

장식장

선반 위에는 작은 악세서리를 올려 놓아 보세요.

선반은 고리와 같은 크기의 두꺼운 도화지를 오려 붙였어요. 색종이나 무늬있는 종이를 붙여주면 더욱 멋스럽겠지요?

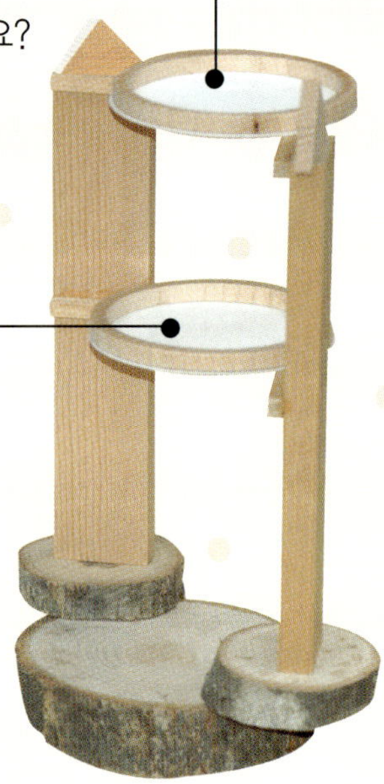

장식장 만드는 순서

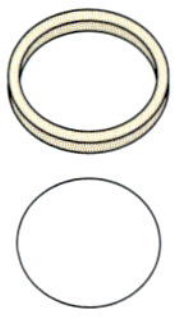

1 고리에 맞게 종이를 오려 밑면에 붙인다.

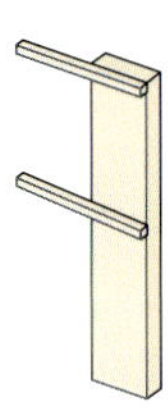

2 나무판에 가는 나무막대를 그림과 같이 붙인다.

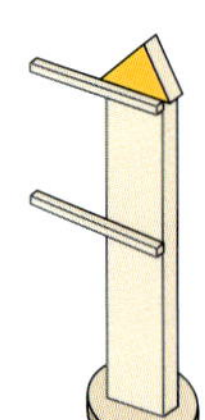

3 그림과 같이 위 · 아래에 작은 나무를 붙여준다.

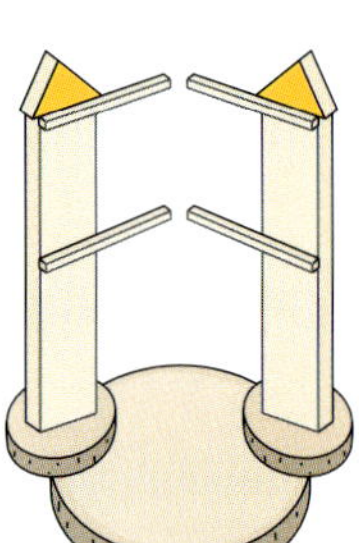

4 큰 원반 생나무에 만들어 놓은 기둥을 그림과 같이 붙인다. (붙일 때 각도를 고려한다.)

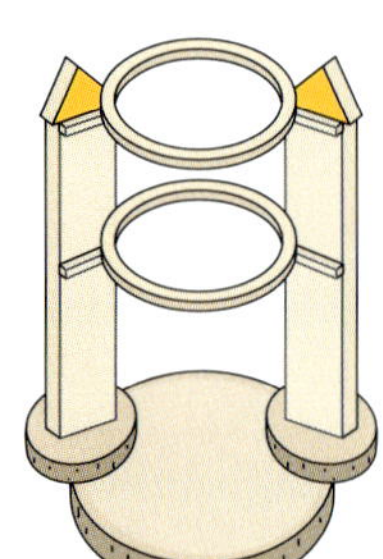

5 만들어 놓은 1번 원반을 가는 나무막대 위에 붙인다.

나무에 무당벌레를 만들어
붙여주었더니 단순한 느낌이
사라졌어요.

흰 돌 위에 사인펜으로
날개를 그려주었더니
귀여운 새가 되었어요.

강아지와 곰 양면 꽂이

강아지와 곰 얼굴을 이용한 양면꽂이

앞 모습은 **곰**

뒷 모습은 **강아지**

뒤쪽은 긴 물건을
앞쪽은 짧은 물건을
꽂아요.

양면꽂이 만드는 순서

1 반원모양의 생나무 1개에 앞뒤로 서로 다른 동물 얼굴을 만들어 준다.

2 지관의 가운데 붙인다.

3 지관을 원반생나무에 붙이고 꾸며준 후 완성한다.

호랑이 양면 꽂이

지관의 가운데에 호랑이를 붙여주어 양쪽으로 꽂을 수 있게 하였어요.

나무기둥만 막대를 이용하여 붙여 주고 나머지는 지관에 직접 그림으로 표현했어요.

다용도 꽂이

흰색 지관에 마끈을 감아 꾸며 주었어요.

가는 나뭇가지에 색종이를 붙여서 만들었어요.

흰 돌에 색을 칠했어요.

반고리로 붙였어요.

다용도 꽂이 만드는 순서

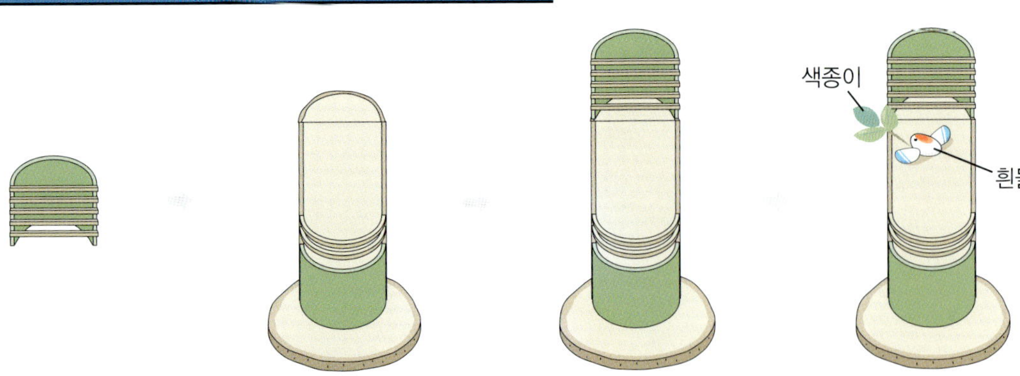

1 반원기둥 대나무에 막대를 촘촘히 붙인다.

2 밑받침에 반원 기둥을 붙이고 반고리와 반원 기둥 대나무를 붙인다.

3 만들어 놓은 1번 모양을 붙인다.

4 악세서리를 만들어 붙인다.

잠자리 명함 꽂이

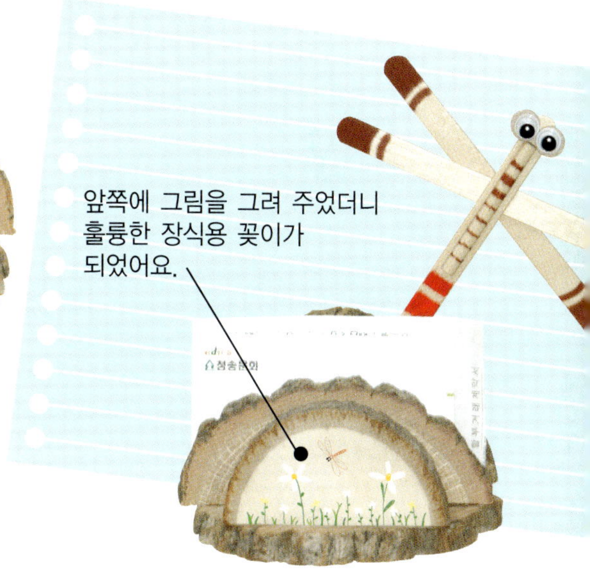

잠자리 만드는 순서

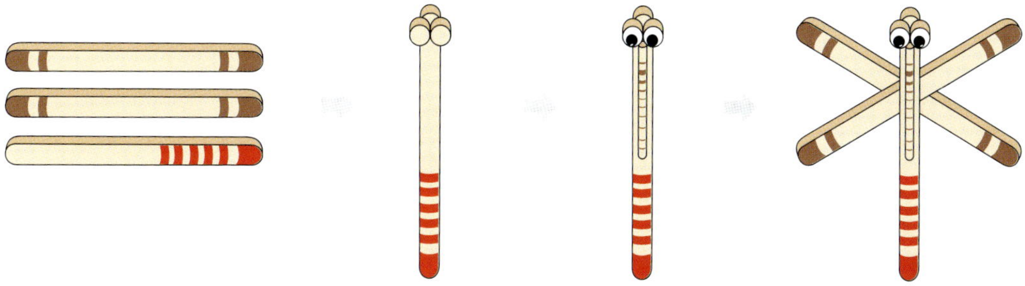

1 하드막대에 날개 무늬와 꼬리를 그린다.

2 꼬리가 그려진 막대에 눈알 크기의 원목 알갱이를 붙인다.

3 봉을 몸통 위에 붙인다.

4 날개를 교차되게 붙인다.

쥐 연필 꽂이

털실을 이용해서
눈썹처럼
만들었어요.

팥알갱이는 훌륭한
악세서리가 되요.

쥐 연필 꽂이 만드는 순서

1 얼굴을 만든다.

2 귀를 붙인다.

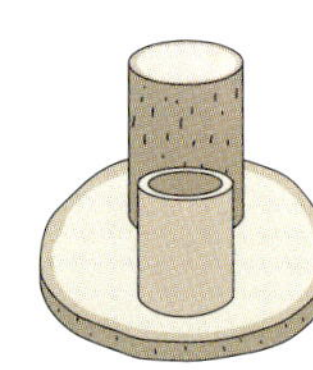

3 원기둥과 지관을
붙인다.

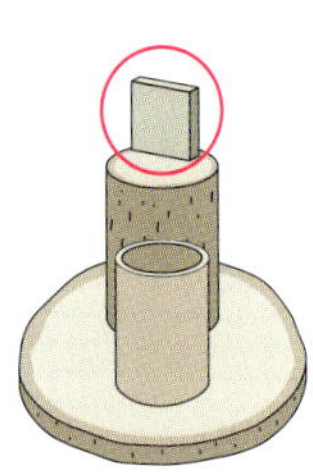

4 얼굴을 붙이기 위해 원기둥
뒤쪽으로 원 안처럼 받침을
붙인다.

5 얼굴과 팔을 붙인다.

6 지관 위에 팥알갱이를
붙여 꾸민다.

이중 지관 꽂이

지관에 다른 치장없이 그림만 그려 주어도
멋진 공작재료가 될 수 있어요.

개구리 메모 꽂이

철사를 이용한
개구리 모양
메모꽂이

철사를 불규칙한
크기로 돌려 감아
만들었어요.

눈알은 검은콩을
붙였어요.

콩!콩!콩! 팥알 세개가
개구리 혓바닥처럼
보이죠~?

나무봉 전단 꽂이

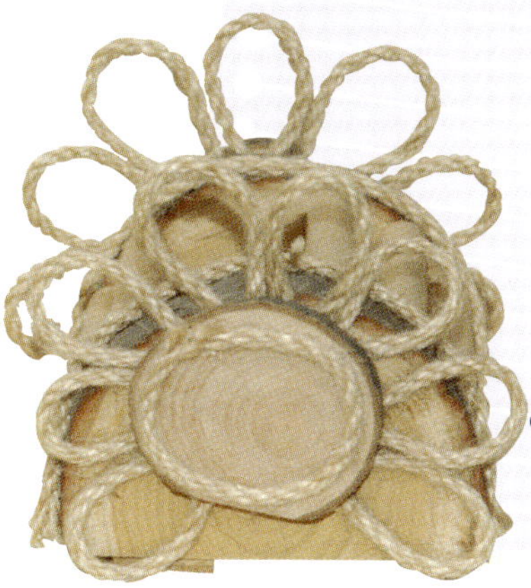

마끈을 이용해
해바라기처럼 표현했어요.

눈사람 메모 꽂이

하드막대와 반고리를 이용한
눈사람 모양 꽂이

크기가 다른 반고리를 붙여 주어
다양한 크기의 메모지를 꽂게
하였어요.

부엉이 용품 꽂이

나뭇잎 만드는 순서

1 색종이를 나뭇잎 모양으로 오린다.

2 나뭇잎을 접어 잎맥을 만들고 사인펜으로 잎맥 모양을 따라 그린다.

3 나무막대기에 보기 좋게 붙인다.

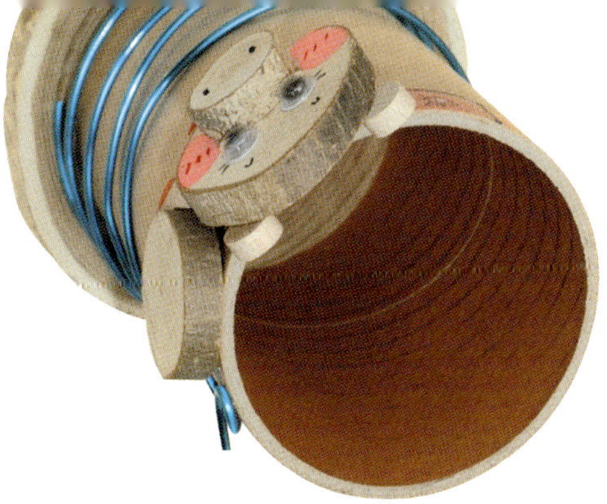

돼지 용품 꽂이

돼지 얼굴이 지관 밖으로 많이
튀어나오면 지관에 물건을 넣다 뺄
때 떨어질 수 있으니 최대한 적게
나오도록 붙이세요.

철사를 돌려 돼지꼬리를
만들어 주었어요.

철사는 밑받침에 지관을 붙이기
전에 미리 돌려 놓으세요.

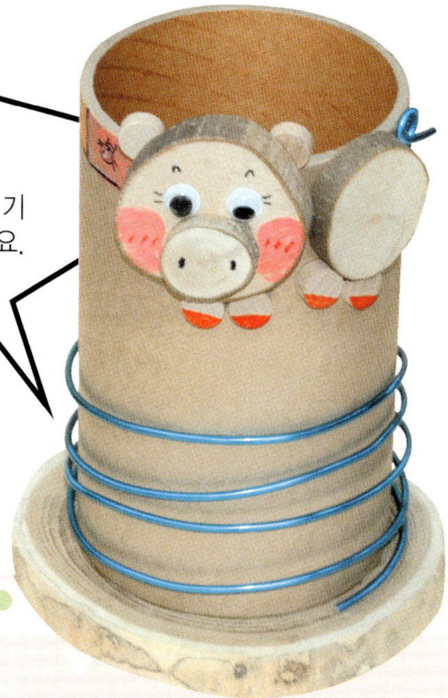

집그림 용품 꽂이

지관과 생나무 원반을 정가운데 붙이지 않고 공간을 살짝 띄어주면 단조로운 느낌을 피할 수 있어요.

꿀벌 용품 꽂이

꿀벌을 붙이기 전에
어울리는 그림을 미리
그려 놓으세요.

지관과 밑받침의 크기가 거의 비슷하면
모양이 단순하고 단정해 보여요.

가위모양 용품 꽂이

가위를 붙이기 전에
지관에 그림을 미리
그려 놓으세요.

여러가지 소품

• 나무

/ 핸드폰 고리

• 돼지 시계

/ 가위 / 안경 / 드럼

• 전화기

• 냉장고 자석

• 달팽이 집게

• 소년소녀 집게

/ 발가락 집게

• 원숭이 집게

• 꽃게 집게

/ 꽃그림 집게

• 알림판(화장실)

• 알림판

(OPEN / 메뉴판)

• 알림판

(외출중 / 공부중)

• 알림판

(휴식중

/ 쉿! 뛰지마세요

/ 내일오세요)

나무

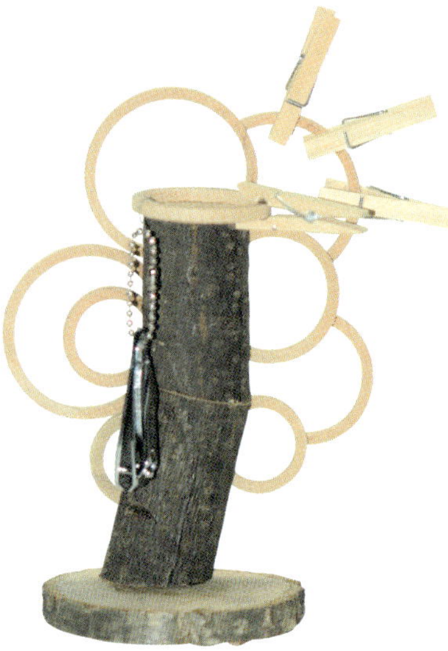

작은 집게나
사물을 걸어
놓을 수 있어요.

반원기둥 나무 뒤쪽에
크기가 다양한 고리와
반고리를 붙여 주면
아름다운 나무를
표현할 수 있어요.

핸드폰 고리

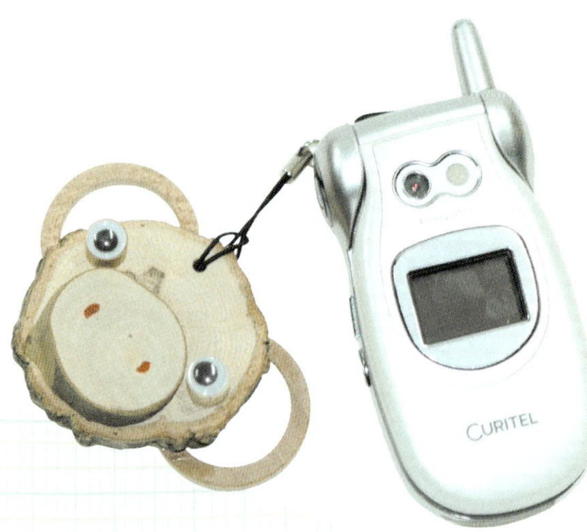

얇고 가벼운 나무는
작은 악세서리가
된답니다.

색종이를 붙였어요.

돼지시계

팥알을
이용했어요.

안경

드럼

지관에 흰종이를 붙였더니
드럼 세트가 되었어요.

전화기

미니 전화기를 만들어
화장대나 장식장 위에
올려 놓아 보세요.

원목 알갱이에 숫자를 써 넣으세요.

수화기는 꼈다 뺐다
할 수 있도록 전화기
본체와 붙여 놓지 마세요.

냉장고 자석

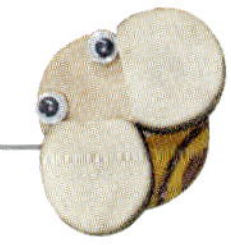

냉장고에 메모지 등을 붙이는
자석은 자주 만지게 되므로
튼튼하게 접착이 되는 모양으로
만들어야 합니다.

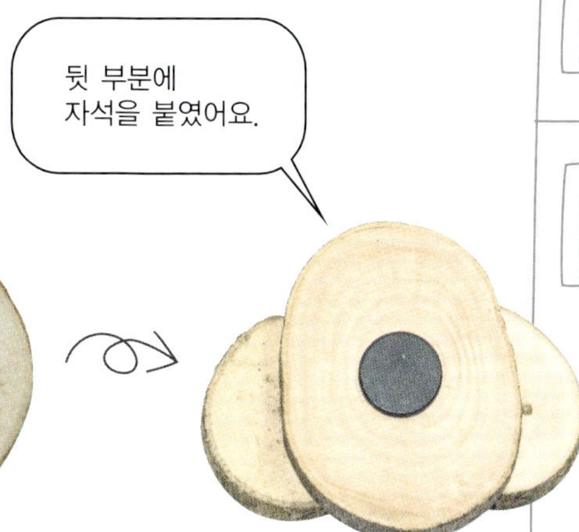

냉장고 자석 만드는 순서

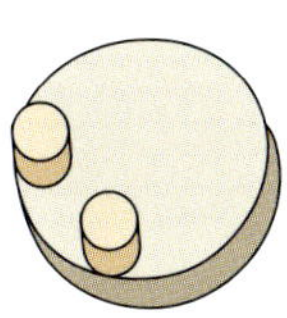

1 눈을 만들기 위해 동그란 원반에 작은 알갱이 두 개를 붙인다.

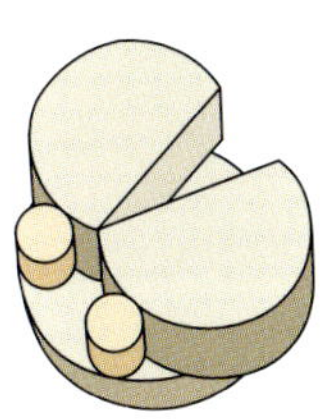

2 눈 바로 밑에 날개를 붙인다.

3 눈을 붙이고, 날개에 색을 칠한 다음, 뒷 부분에 자석을 붙여 완성한다.

달팽이 집게

달팽이 집게 만드는 순서

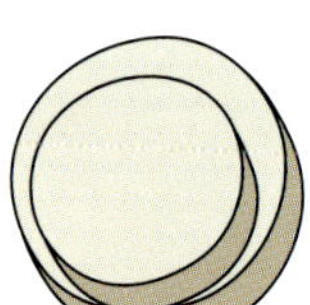

1 크기가 다른 동그란 원반 두 개를 붙인다.

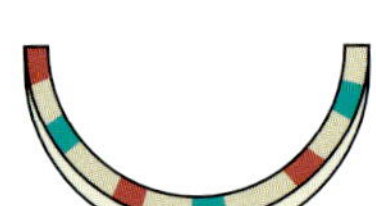

2 반고리 모양에 원하는 무늬를 넣어준다.

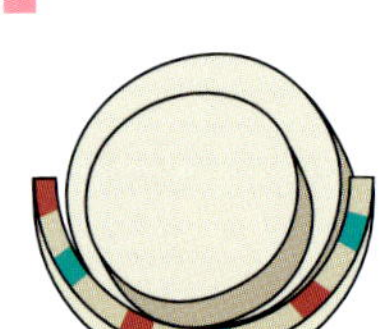

3 무늬를 넣은 반고리 모양을 원반에 붙인다.

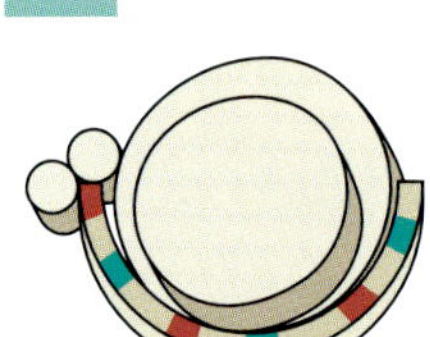

4 눈 위치에 원목 알갱이를 붙인다.

5 눈을 그리고, 동그란 원반을 예쁘게 꾸민 다음 집게를 붙여 완성한다.

소년소녀 집게

발가락 집게

동그란 원반에
좋아하는 그림을 그려
예쁘게 꾸며 주세요~

발가락 집게 만드는 순서

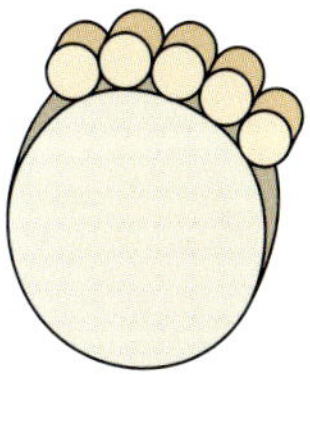

1 동그란 원반에 원목 알갱이 5개를 붙인다.

2 동그란 원반에 원하는 그림을 예쁘게 그린다.

3 원반 뒷부분에 집게를 붙여 완성한다.

원숭이 집게

메모지나 명함을 집을 수 있는 집게예요.

집게 만드는 순서

1  원목 알갱이 세개를 촘촘히 붙인다.

2 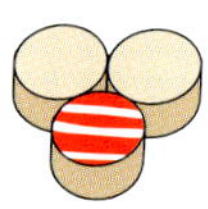 세개 중 한 개에 줄무늬를 그려준다.

3  나머지 두 개에 원목 알갱이 보다 작은 눈알을 붙인다.

4 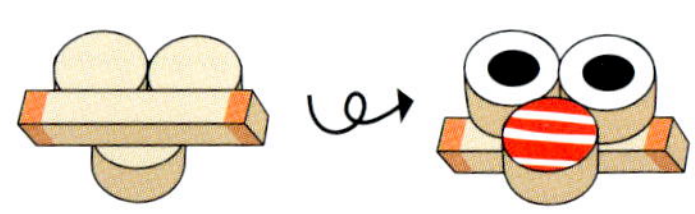 날개 느낌이 들도록 짧은 막대를 붙인다. 이때 눈알과 몸통에 걸쳐지게 붙이도록 한다.

5 만들어 놓은 모양을 집게 앞쪽에 붙인다. 

꽃게 집게

꽃게 다리는 짧은 막대
2개를 연결했어요.

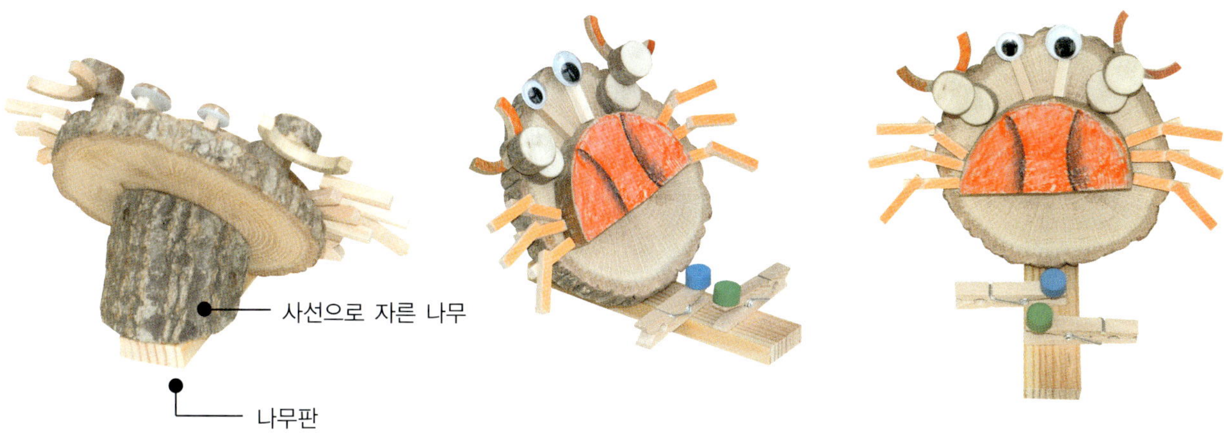

꽃그림 집게

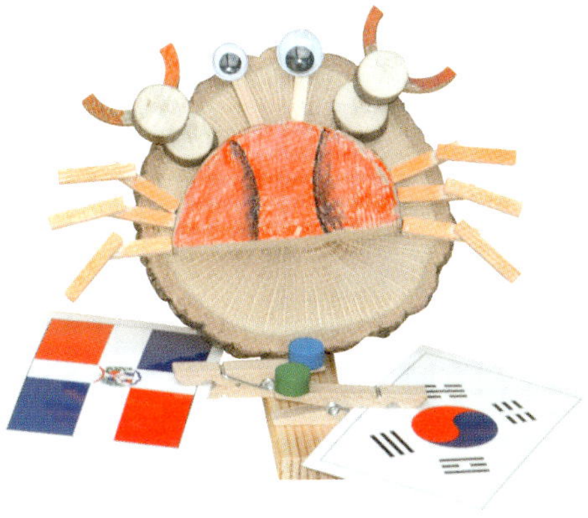

화장실 알림판

꾸미기 전

생나무를 예쁘게
조합한 후
글씨만 써도 예쁜
알림판이 되요.

꾸민 후

나무판 두 개를 옆으로
나란히 붙여서 만들었어요.

생나무에 작은 원목 나무들을
이용해서 입체적으로
글씨를 만들었어요.

OPEN
CLOSED

글씨는 원목 나무로
만들고 그 위에
색을 칠했어요.

가는 나무 막대를 사용했어요.

카페처럼 문을 열고 닫는 시간이 정확한 상점에 걸어두면 좋아요~

메뉴판

꾸미기 전

주렁주렁 나무들을 메달아서
메뉴판을 만들었어요.
장사가 잘 되어 메뉴가
늘어나면 아래에 계속
연결해서 사용하면 됩니다.

마끈을 이용했더니 튼튼하면서,
생나무와 자연스럽게 어울리네요.

꾸민 후

꾸미기 전

알림판

아무 장식이 없는 생나무 만으로도 나뭇결과 겉껍질의 재질에 의해 멋스러워 보입니다.

넓은 면에 직접 그림을 그리고, 글씨를 쓰면 액자나 알림판으로 손색이 없겠네요.

꾸민 후

공부중

외출중

크레파스로 색칠했어요.

대각선으로 배치해서 단순한 느낌에 변화를 주었어요.

쉿! 뛰지마세요

강조할 글씨에
생나무를 붙여
주었어요.

원목 알갱이를 붙였더니,
강아지가 나무판을 잡고
있는 것처럼 보여요.

휴식중

생나무에
직접 그림을
그렸어요.

생나무 뒤쪽에
여러 가지 길이의
나무 막대를
붙여 주었어요.

어서오세요

꿈틀거리는
애벌레 모양으로
만들었어요.

가구와 건물

- 미니어쳐 가구
- 의자
- / 등받이 의자
- / 안락 의자
- 풍차
- 원두막
- 집 / 통나무집

미니어쳐 가구

집 안에서 사용하는 가구를 생나무를 이용해서 미니어쳐를 만들어 장식해 보세요.

대나무를 반으로 쪼개서 만들었어요.

식탁 위에 콩과 팥알을 올려 놓았더니 음식처럼 보이네요.

의자와 식탁이 세트처럼 보이
도록 색상을 연두색과 주황색
으로 통일해서 꾸며 주었어요.

여러 가지 식탁 모양

의자

작은 소품용 의자는
의자만으로도 장식성이 있지만
그 위에 작은 인형들을 놓으면
더 아기자기한 소품이 될 수 있어요.

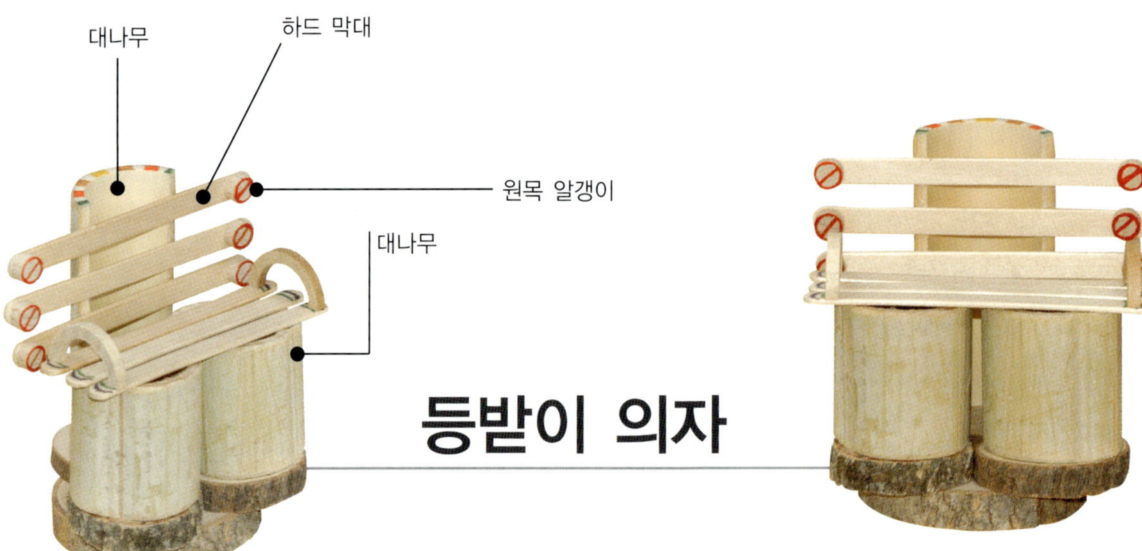
대나무
하드 막대
원목 알갱이
대나무

등받이 의자

안락 의자

육각형을 서로
연결해서 만들었어요.

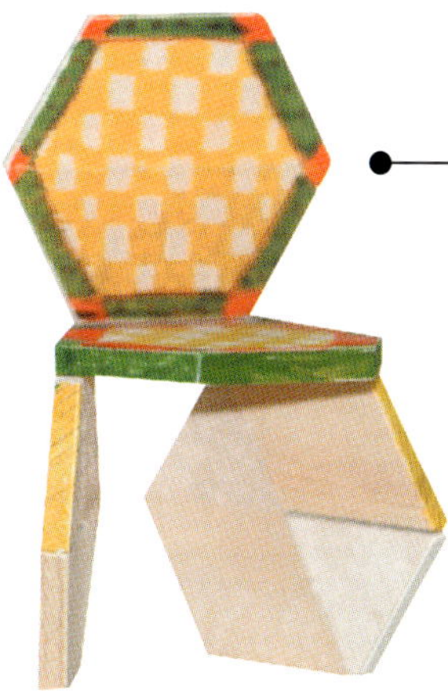

무늬는 붙이기 전에
미리 꾸며 놓으세요.

모양을 주기 위해
정삼각형과 마름모를
붙여서 육각형을 만들었어요.

마끈을
하드막대에 붙여서
튼튼하게 했어요.

반고리를 크기
순서대로 붙여서
멋진 팔걸이를
만들었어요.

풍차

나무 집게를 붙여
장식용 메모 꽂이로도
사용할 수 있어요.

원두막

집

지붕은 하드 막대로
붙여 주었어요.

종이를 접어 집 모양을 만든 후
앞쪽은 벽돌 모양으로 색칠했어요.

통나무 집

구멍을 뚫어
저금통으로도
사용할 수 있어요.

아주 쉬운 생나무공작

'두번째' 권은 더 재미있고

다양한 내용으로 구성되었습니다.

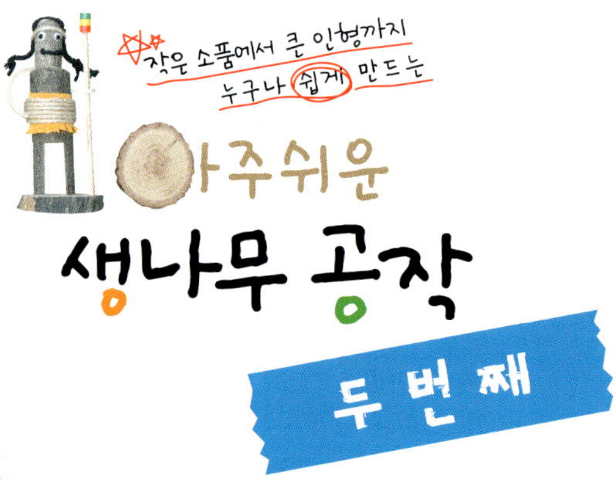

아주 쉬운 생나무 공작 두번째 권은 동물편, 액자편, 생활소품편, 환경구성편 등 첫번째 권에서 다루지 않은 소재와 내용으로 차별화 했습니다. 이미 다룬 소재도 다른 종류의 공작으로 내용을 보완하여 더욱 알차고 다양하게 꾸몄습니다.

아주 쉬운 생나무 공작 두번째 권은
더욱 알차고 다양하게 꾸몄습니다.

두번째 Contents

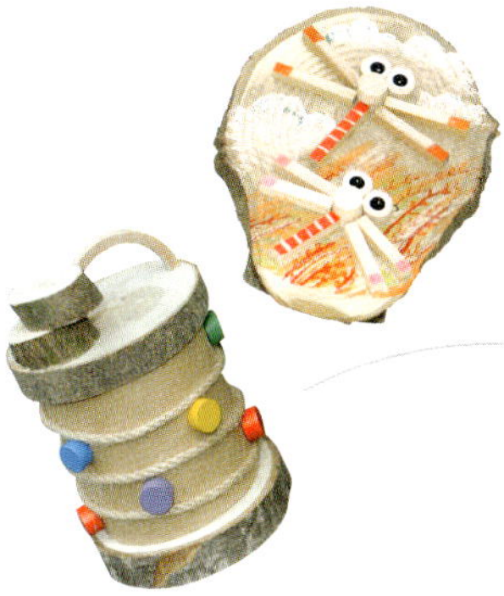

- 네발 동물
- 조류
- 파충류
- 곤충
- 환경판
- 사계절
- 생활소품II
- 사물함

원에서도 활용할 수 있어요!

★ 작품을 만들 수 있는 생나무 공작 재료와 제작과정이 제공됩니다.

놀이놀이 숲속놀이

놀이놀이 숲속놀이는 생나무와 원목을 사용한 자연미술 공작 프로그램입니다.

놀이놀이 숲속놀이는 친환경 자연소재와 다양하고 정교하게 가공된 소품을 사용하여 아이들 스스로 장식성과 실용성이 뛰어난 완성도 높은 작품을 만들 수 있습니다.

돼지선반 완성작품의 예

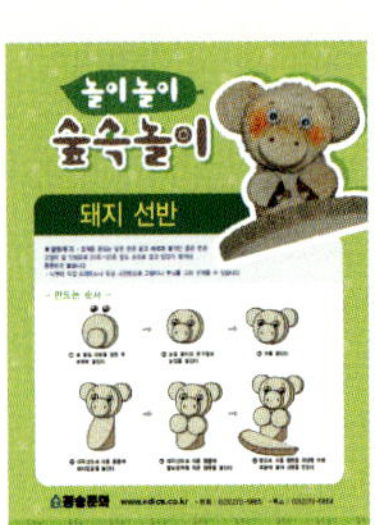

- 참관수업용으로 아주 적합합니다.
- 미술, 조형공작 프로그램과 함께 수업할 수 있습니다.
- 같은 재료로 얼마든지 다양하고 개성있게 만들 수 있습니다.
- 그림을 그리듯 누구나 특별한 도구나 기계없이 손쉽게 만들 수 있습니다.

놀이놀이
숲속놀이

연간 계획표

생활주제		초급	중급	고급
1	사람	겁쟁이	뚱보	뾰족머리
2	알림판	공부중	쉿! 뛰지마세요	내일 오세요
3	집게	소년 소녀 집게	달팽이 집게	풍차 집게
4	교통수단	택시	리무진	헬리콥터
5	동물	고양이	너구리	얼룩말
6	액자	벽걸이 액자	탁상 액자 1	탁상 액자 2
7	메모꽂이	쥐 메모꽂이	눈사람 꽂이	매미 꽂이
8	선반	원숭이 선반	돼지 선반	부엉이 선반
9	꽂이	이중 지관 꽂이	쥐 연필 꽂이	양면 꽂이
10	세계의 사람	천하대장군	해적	외계인

작은 소품에서 큰 인형까지 누구나 쉽게 만드는

아주쉬운 생나무 공작 첫번째

• 초판 발행일 : 2007년 11월 21일
• 펴 낸 곳 : 청송문화
• 주 소 : 서울시 중구 충무로 3가 59-24 죽전B/D 4층
• 전 화 : 02)2279-5865
• 팩 스 : 02)2279-5864
• 등록번호 : 제2-2086

• 가격 : 18,000원